从现在开始学习，3天后买进第一只赚钱股票！

从零开始学炒股

开户、下单、打新股、K线法则、技术指标分析

股票买卖操作详解与实战！

永良　刘挥◎著

黑龙江教育出版社

图书在版编目（CIP）数据

从零开始学炒股 / 永良，刘挥著. -- 哈尔滨：黑龙江教育出版社，2017.2
（读美文库）
ISBN 978-7-5316-9129-7

Ⅰ.①从… Ⅱ.①永… ②刘… Ⅲ.①股票交易－基本知识 Ⅳ.①F830.91

中国版本图书馆CIP数据核字（2017）第041215号

从零开始学炒股

Congling Kaishi Xue Chaogu

永良　刘挥　**著**

责任编辑　徐永进
封面设计　久品轩
责任校对　张铁男
出版发行　黑龙江教育出版社
（哈尔滨市南岗区花园街158号）
印　　刷　保定市西城胶印有限公司
开　　本　880毫米×1230毫米　1/32
印　　张　7
字　　数　134千
版　　次　2017年5月第1版
印　　次　2017年5月第1次印刷

书　　号　ISBN 978-7-5316-9129-7　　**定　　价**　26.80元

黑龙江教育出版社网址：www.hljep.com.cn
如需订购图，请与我社发行中心联系。联系电话：0451-82533097　82534665
如有印装质量问题，影响阅读，请与我公司联系调换。联系电话：0312-7182726
如发现盗版图书，请向我社举报。举报电话：0451-82533087

前 言

Preface

股票投资是一门系统的学科，跟学习其他知识一样，我们在实盘操作前，需要做一些必要的专业理论和交易知识的储备。很多对股市只有一知半解的投资者在高回报的诱惑下，办理了股东账户和资金账户就匆匆入市，实在是让人忧心，从某种角度来说，缺少专业知识才是最大的风险。

一份抽样调查显示，股民中盈利者仅占22.27%，这意味着高达77%的股民每天都在“白忙活”，从某种意义上说，这与人们通常所说的“二八”法则比较接近。那么，我们如何让自己脱颖而出，成为股市搏杀中的胜出者呢？

如果你已经入市成为一名股民，那么就应该尽早补充一下投资常识和风险课程；如果你正准备入市，就必须做好基本功课、做好风险承担和防患的准备，切勿盲目行事。一些进入股市时间短的股民最大的缺陷是实践少、经验少和行情见识少，因此必须多学习。要学习如何读懂财务报表、从新闻中发现热门股票、画趋势线、看懂K线图、正确使用技术指标、选股、规避风险……也只有经过努力学习，新股民才可能成为股市大赢家，而不是掉入庄家的陷阱，在股市上惨败而归。

如何看懂上市公司的现金流量表？

上市公司的股东变动将对股价产生怎样的影响？

利率上升了对股市意味着什么？

政府扶持环保产业时我们应该如何选股？

怎样画某只股票的支撑线？

为什么K线图上出现乌云密布形态就一定要离场？

如何用MACD指标找买点、卖点？

在调整行情中如何选到黑马股？

如何控制自己的仓位？

……

《从零开始学炒股》既从宏观着眼，帮助新股民把握沪深股市行情，分析股市大盘，制定投资策略；又从微观入手，介绍股票常识、交易知识，传授选股技巧、买卖操作方法、时机投资技巧、操盘技巧，以及入市的心理准备，揭露股市陷阱……全面、图文并茂地介绍了炒股的各种知识和技巧，不仅简单、易学，具有很强的实用性，还具有很强的可操作性，能够帮助新股民们迅速成为股市搏击的高手。

“股神”巴菲特说：风险来自于你不知道自己在做什么！在A股市场中也是这样，先知先觉者大口吃肉，后知后觉者啃点骨头，不知不觉者最后掏钱、割肉。炒股的技术来自经验的积累，这一积累的过程是漫长而且痛苦的，但是我们可以通过主动学习来少付不必要的学费，做个明明白白的投资者，尽享投资乐趣，笑看股市风云！

本书使用指南——学炒股要分几步走

【第一步】掌握炒股必备基础知识

股民如果想在股市中获利，首先要熟悉证券市场中基础的游戏规则，大到交易规则、交易方式，小到股市术语、开户细节。如果你是一个新股民，请仔细研读第一章，我们为你精粹了炒股入门的必备基础知识，舍去了不必要且枯燥的长篇大论。读完之后，你在日常交易买卖、与股友沟通、打新股等方面将全无障碍!

【第二步】掌握基本面分析

99%股民不知道的基本面分析要点都在这里！在投资一只股票前，你要看清楚这只股票是否值得你去投资。我们要看上市公司的财务状况、重大事件，看宏观经济政

策，政府扶持的重点产业……这些都与股票价格的涨跌有着密切的关系。读完本书第二章、第三章，你也就掌握了主流的基本面分析技能，可以开始自选热点股票了！

【第三步】掌握技术分析技巧

在把自己的血汗钱拿来炒股前，一定要学点技术分析技巧。所谓技术分析，就是对股票价格、成交量、时间三大要素的分析，学会了技术分析，在炒股时你就能够找到买点、卖点、止损点，你就会抓涨停、看趋势等，这一切在第四章、第五章、第六章、第七章中都能学到，我们将用4章来教会你可以应用于炒股实战的技术分析法。

【第四步】掌握风险规避技巧

炒股最重要的是什么？很多人可能会说是赚钱，赚钱是很重要，但是更重要的是规避风险。股市中，多少人夜不成眠，多少人关灯吃面，多少信誓旦旦的老股民将短线炒成了“长线”……因此，在第八章中重点讲一下股市中的风险防范技巧，通过这一课的学习，我们将学会巧妙规避风险，最大化股票收益。

目 录

Contents

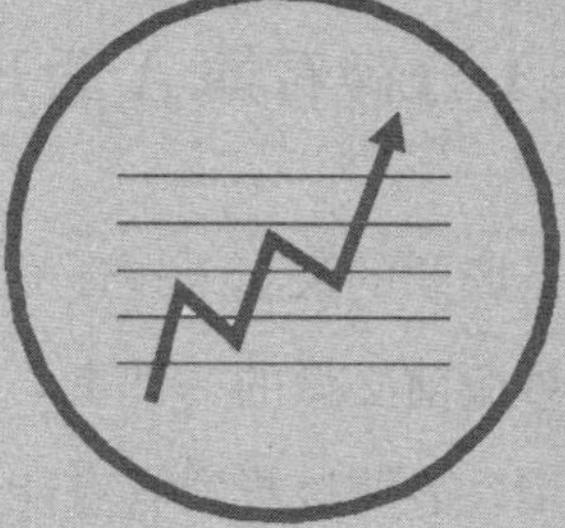

第一章

初学炒股需要哪些知识？新手快速入门

——股票交易规则与股市术语

第一节 1分钟看懂A股开户细节

所谓开户，就是股票的买卖人在证券公司开立委托买卖的账户，这是入市炒股前必做的一件事。开户的主要作用是在于确定投资者信用，表明该投资者有能力支付买股票的价款或佣金。

一般来说，新股民所需要开立的账户种类有两种：

1.开证券账户。证券账户用来记载投资者所持有的证券种类、数量和相应的变动情况。

2.资金账户。资金账户则用来记载和反映投资者买卖证券的货币收付和结存数额。

需要注意的是，按照我国现行的有关规定，证券商有权拒绝下列人员开户：

- 未满18周岁的成年人及未经法定代理人允许者。
- 证券主管机关及证券交易所的职员与雇员。
- 党政机关干部、现役军人。

- 证券公司的职员。
- 被宣布破产且未恢复者。
- 未经证券主管机关或证券交易所允许者。
- 法人委托开户未能提出该法人授权开户证明者。
- 曾因违反证券交易的案件在查未满三年者。

满足开户条件的股民们可以选择线上开户或线下开户，两者在流程上分别是：

1.线下开户：拿上身份证和银行卡，周一到周五上班时间（上午九点到下午五点）去证券公司营业部就可以开户，营业部的工作人员会负责指导股民填写相应表格资料，此处不再赘述。比较知名的证券公司有海通证券，国泰证券，国信证券，国联证券，华泰证券，国金证券，广发证券，招商证券等。

2.线上开户：互联网的发展大大便捷了我们的生活，现在包括中信证券、广发证券、招商证券、国证证券在内的不少证券公司已经支持线上直接开户，为股民节省了很多时间。在做线上开户前，股民需要准备好一些必需的资料：身份证，银行卡，手机，摄像头，麦克风等，而为了整个体验流畅，有些证券公司还要求使用IE8.0以上的浏览器。

上海账户开户费是40元，开户后第二个交易日可用；深圳账户开户费是50元，开户后当日可用（现在包括北京、上海在内的很多城市已经不再收取开户费）。开户后，如果账户无资金、没有买卖股票、3年不操作，就会进入自动休眠。

第二节　必知的A股交易规则

A股交易规则一般包括交易时间、交易单位、涨跌幅限制、竞价方式等。

一、交易时间

周一至周五（法定休假日除外），上午9：30—11：30下午1：00—3：00

二、竞价成交

1.竞价原则：价格优先、时间优先。价格较高的买进委托优先于价格较低买进委托，价格较低卖出委托优先于较高的卖出委托；同价位委托，则按时间顺序优先。

2.竞价方式：上午9：15—9：25分进行集合竞价（集中一次处理全部有效委托）；上午9：30—11：30、下午1：00—3：00进行连续竞价（对有效委托逐笔处理）。

三、交易单位

1.股票的交易单位为“股”，100股=1手，委托买入数量必须为1手的整数倍；

2.当委托数量不能全部成交或分红送股时可能出现零股（不足1手的为零股），零股只能委托卖出，不能委托买入零股。

四、价格变动单位

交易委托价格最小变动单位：A股为人民币0.01元；

五、涨跌幅限制

在一个交易日内，除首日上市证券外，每只A股的交易价格相对上一个交易日收市价的涨跌幅度不得超过10%。

六、委托撤单

在委托未成交之前，可以撤销委托。

七、“T+1”交收

“T”表示交易当天，“T+1”表示交易日当天的第二天。“T+1”交易制度指当天买入的A股不能在当天卖出，需待第二天进行自动交割过户后方可卖出。

八、集合竞价、连续竞价时间

1.每周一至周五（法定节假日除外）的上午9：15—9：25分。

该时间段为集合竞价时间，即所有买卖双方进行集合报价，在9：25分产生一个使最多的交易报价成交的价格。其中9：20—9：25分只接受委托，不得撤单。上海和深圳市场一致。

2.每周一至周五（法定节假日除外）的上午9：30—11：30分，下午的13：00—14：57分。

该时间段上海市场和深圳市场均为连续竞价时间，即根据实时的买卖情况决定股票价格。

3.每周一至周五（法定节假日除外）的下午14：57—15：00点。

该时间段上海股票为连续竞价时间，交易规则同上第二条。不同点在深圳股票，为集合竞价时间，即同早上9：15—9：25分时间段的交易规则。

第三节　什么是股票的清算

所谓清算是指将买卖股票的数量和金额分别予以抵消，然后通过证券交易所交割净差额股票或价款的一种程序。清算的意义，在于同时减少通过证券交易所实际交割的股票于与价款，节省大量的人力、物力和财力。证券交易所如果没有清算，那么每位证券商都必须向对方逐笔交割股票与价款，手续相当烦琐，占用大量的人力、物力、财力和时间。

证券交易所的清算业务按“净额交收”的原则办理，

即每一证券商在一个清算期（每一开市日为一清算期）中，证券交易所清算部首先要核对场内成交单有无错误，为每一证券商填写清算单。对买卖价款的清算，其应收、应付价款相抵后，只计轧差后的净余额。对买卖股票的清算，其同一股票应收、应付数额相抵后，只计轧差后的净余额。清算工作由证券交易所组织，各证券商统一将证券交易成视为中介人来进行清算，而不是各证券商和证券商相互间进行轧抵清算。交易所作为清算的中介人，在价款清算时，向股票卖出者付款，向股票买入者收款；在股票清算交割时，向股票卖出者收进股票，向股票买入者付出股票。

第四节　什么是股票的交割

股票清算后，即办理交割手续。所谓交割就是卖方向买方交付股票而买方向卖方支付价款。

证券交易一般有下列交割方式：

当日交割。指买卖双方以成交后的当日就办理完交割事宜。适用于买方急需股票或卖方急需现款的情况。上海证券交易所目前采用此种方式。

次日交割。指成交后的下一个营业日正午前办理完成交割事宜，如逢法定假日，则顺延一天。

第二日交割。即自成交的次日起算，在第二个营业日正午前办理完成交割事宜。如逢休假日，则顺延一天。这种交割方式很少被采用。

例行交割。即自成交日起算，在第五个营业日内办完交割事宜。这是标准的交割方式。一般地，如果买卖双方在成交时未说明交割方式，即一律视为例行交割方式。

例行递延交割。指买卖双方约定在例行交割后选择某日作为交割时间的交割。买方约定在次日付款，卖方在次日将股票交给买方。

卖方选择交割。指卖方有权决定交割日期。其期限从成交后5天至60天不等，买卖双方必须订立书面契约。凡按同一价格买入“卖方选择交割”时，期限最长者应具有优先选择权。凡按同一价格卖出“卖方选择交割”时，期限量最短者应具有优先成交权。我国目前仍未采用此种交割方式。

第五节　什么是股票的过户

随着交易的完成，当股票从卖方转给（卖给）买方时，就表示着原有股东拥有权利的转让，新的股票持有者则成为公司的新股东，老股东（原有的股东，即卖主）丧失了他们卖出的那部分股票所代表的权利，新股东则获得了他所买进那部分股票所代表的权利。然而，由于原有股东的姓名及持股情况均记录于股东名簿上，因而必须变更股东名簿上相应的内容，这就是通常所说的过户手续。所以说，证券和价款清算与交割后，并不意味着证券交易程序的最后了结。

在股票过户时要注意以下问题：

（1）一切费用应由发行公司负责。

（2）股东如果是用邮寄方式申请过户，则应用挂号邮至过户机构，以平信邮寄，若有遗失，发行公司概不负责。

（3）股东股票遗失，若无法出具充足证明，则发行公司可拒绝补发新股票。

（4）若拣到的遗失股票，则无须归还，但如果原持有人在遗失股票背面已签字盖章，则发行公司拒绝办理过户手续，即，除非原持有人同意不再拥有已遗失股票，否则公司就不承认新持有人为新股东，因而新持有人无法享有一切权利。

（5）发行公司一般在宣布股息时公告一个停止过户期，在停止过户期间，发行公司停止办理过户手续。发行公司将股息发给股东也可直接划到股东银行账号上。旧股东在此期间转让股份，则新股东不能领取股息。所以在成交中，往往从出让价格中扣除股息作为成交价格，以示公平。

第六节　这些炒股术语一定要懂

所谓炒股术语，就是股市中广泛流传和应用的特殊用语，在市场分析中、实盘交易中这些术语都会大量出现。这些术语主要分为三类：

1.交易制度类

停牌 股票由于某种消息或进行某种活动引起股价的连续上涨或下跌，由证券交易所暂停其在股票市场上进行交易。待情况澄清或企业恢复正常后，再复牌在交易所挂牌交易。

涨（跌）停板 交易所规定的股价一天中涨（跌）最大幅度为前一日收盘价的百分数，不能超过此限，否则自动停止交易。

涨跌幅限制 涨跌幅限制是指在一个交易日内，除上市首日证券外，证券的交易价格相对上一交易日收市价格的涨跌幅度不得超过10%；超过涨跌限价的委托为无效委托。

大户 就是大额投资人，例如财团、信托公司以及其他拥有庞大资金的集团或个人。

散户 就是买卖股票数量很少的小额投资者。

经纪人 执行客户命令，买卖证券、商品或其他财产，并为此收取佣金者。

非上市股票 不在证券交易所注册挂牌的股票。

委托书 股东委托他人（其他股东）代表自己在股东大会上行使投票权的书面证明。

T+1交收 是指交易双方在交易次日完成与交易有关的证券、款项收付，即买方收到证券、卖方收到款项。

特别处理 Special treatment（缩写是“ST”），因此这些股票就简称为ST股。需要特别处理的通常主要有两种情况，一是上市公司经审计连续两个会计年度的净利润均为负值，二是上市公司最近一个会计年度经审计的每股净资产低于股票面值。

在上市公司的股票交易被实行特别处理期间，其股票交易应遵循下列规则：

（1）股票报价日涨跌幅限制为5%；

（2）股票名称改为原股票名前加“ST”；

（3）上市公司的中期报告必须审计。

2.研判分析类

绩优股 是指那些业绩优良，但增长速度较慢的公司的股票。这类公司业务较为成熟，不需要花很多钱来扩展业务，所以投资这类公司的目的主要在于拿股息。另外，投资这类股票时，市盈率不要太高，同时要注意股价在历史上经济不景气时波动的记录。

热门股 是指交易量大、流通性强、股价变动幅度较大的股票。

成长股 是指这样一些公司所发行的股票，它们的销售额和利润额持续增长，而且其速度快于整个国家和本行业的增长。这些公司通常有宏图伟略，注重科研，留有大量利润作为再投资以促进其扩张。

龙头股 龙头股指的是某一时期在股票市场的炒作中对同行业板块的其他股票具有影响和号召力的股票，它的涨跌往往对其他同行业板块股票的涨跌起引导和示范作用。龙头股并不是一成不变的，它的地位往往只能维持一段时间。

黑马股 是指股价在一定时间内，上涨一倍或数倍的股票。

白马股 是指股价已形成慢慢涨的上升通道，还有一定的上涨空间。

基本面 基本面包括宏观经济运行态势和上市公司基本情况。

技术面 技术面指反映变化的技术指标、走势形态以及K

线组合等。

换手率 换手率也称周转率，指在一定时间内市场中股票转手买卖的频率，也是反映股票流通性强弱的指标之一，其计算公式为：周转率（换手率）=某一段时期内的成交量/发行总股数*100%。

成交量 反映成交的数量多少。一般可用成交股数和成交金额两项指标来衡量。目前深沪股市两项指标均能显示出来。

分红 是指上市公司对股东的投资回报。

送红股 是指上市公司将本年的利润留在公司里，发放股票作为红利，从而将利润转化为股本。

转增股本 转增股本是指公司将资本公积转化为股本，转增股本并没有改变股东的权益，但却增加了股本规模，因而客观结果与送红股相似。

题材板块 市场要炒作就必须以各种题材做支撑，这已成了市场的规律。常被利用的炒作题材大致有以下几类：①经营业绩好转、改善；②国家产业政策扶持，政府实行政策倾斜；③将要或正在合资合作、股权转让；④出现控股或收购等重大资产重组；⑤增资配股或高送股分红等。

含权 凡是股票有权未送配的均称含权。

除权 除权是由于公司股本增加，每股股票所代表的企业实际价值（每股净资产）有所减少，需要在发生该事实之后从股票市场价格中剔除这部分因素，而形成的剔除行为。除权价等于前一日收盘价减去所含权的差价。

除息 除息由于公司股东分配红利，每股股票所代表的企业实际价值（每股净资产）有所减少，需要在发生该事实之后从股票市场价格中剔除这部分因素，而形成的剔除行为。除息价等于股票前一日收盘价减去上市公司发放的股息。除息也称为派息。

填权 填权是指在除权除息后的一段时间里，如果多数人对该股看好，该只股票交易市价高于除权（除息）基准价，即股价比除权除息前有所上涨，这种行情称为填权。

贴权 贴权是指在除权除息后的一段时间里，如果多数人不看好该股，交易市价低于除权（除息）基准价，即股价比除权除息前有所下降，则为贴权。

增资 上市公司为业务需求经常会办理增资（有偿配股）或资本公积新增资（无偿配股）。

配股 公司增发新股时，按股东所有人份数，以特价（低于市价）分配给股东认购。

阻力线 股价上涨到达某一价位附近，如有大量的卖出情形，使股价停止上扬，甚至回跌的价位。

支撑线 股价下跌到在某一价位附近，如有大量买进情形，使股价停止下跌甚至回升的价位。

回档　上升趋势中，因股价上涨过速而回调，以调整价位的现象。

天价　个别股票由多头市场转为空头市场时的最高价。

突破　指股价经过一段盘档时间后，产生的一种价格向上或向下波动。

探底　股价持续下跌至某价位时便止跌回升，如此一次或数次的现象。

头部　股价上涨至某价位时便遇阻力而下滑。

近期趋势　20～30天均线为近期趋势。

洗盘　庄家为达到炒作目的，必须于途中让低价买进，且意志不坚的轿客下轿，以减轻上档压力，同时让持股者的平均价位升高，以利于施行养、套、杀的手段。

3.实盘交易类

手　它是国际上通用的计算成交股数的单位。必须是手的整数倍才能办理交易。目前一般以100股为一手进行交易。即购买股票至少必须购买100股。

挂进　买进股票的意思。

挂出　卖出股票的意思

开盘价　是指某种证券在证券交易所每个交易日开市后的第一笔买卖成交价格。

收盘价 是指某种证券在证券交易所每个交易日里的最后一笔买卖成交价格。

最高价 最高价指某种证券在每个交易日从开市到收市的交易过程中所产生的最高价格。

最低价 最低价指某种证券在每个交易日从开市到收市的交易过程中所产生的最低价格。

涨跌 以每天的收盘价与前一天的收盘价相比较，来决定股票价格是涨还是跌。一般在交易台上方的公告牌上用“+”或“-”号表示。

高开盘 是指开盘价比前一天收盘价高出许多。

低开盘 是指开盘价比前一天收盘价低出许多。

平开盘 指今日的开盘价与前一营业日的收盘价相同。

盘档 是指投资者不积极买卖，多采取观望态度，使当天股价的变动幅度很小，这种情况称为盘档。

整理 是指股价经过一段急剧上涨或下跌后，开始小幅度波动，进入稳定变动阶段，这种现象称为整理，整理是下一次大变动的准备阶段。

盘整 股价经过一段快捷上升或下降后，遭遇阻力或支撑而呈小幅涨跌变动，做换手整理的过程。

回档 是指股价上升过程中，因上涨过速而暂时回跌的现象。

反弹　是指在下跌的行情中，股价有时由于下跌速度太快，受到买方支撑暂时回升的现象。反弹幅度较下跌幅度小，反弹后恢复下跌趋势。

多头　对股票后市看好，先行买进股票，等股价涨至某个价位，卖出股票赚取差价的人。

空头　是指认为股价已上涨到了最高点，很快便会下跌，或当股票已开始下跌时，认为还会继续下跌，趁高价时卖出的投资者。

牛市　就是股票价格普遍上涨的市场。

熊市　是指股价呈长期下降趋势的市场，空头市场中，股价的变动情况是大跌小涨。

多头陷阱　即为多头设置的陷阱，通常发生在指数或股价屡创新高，并迅速突破原来的指数区间且达到新高点，随后迅速滑跌破以前的支撑位，结果使在高位买进的投资者严重被套。

空头陷阱　通常出现在指数或股价从高位区以高成交量跌至一个新的低点区，并造成向下突破的假象，使恐慌性抛盘涌出后迅速回升至原先的密集成交区，并向上突破原压力线，使在低点卖出者踏空。

利空　促使股价下跌，对空头有利的因素和消息。

利多　是刺激股价上涨，对多头有利的因素和消息。

套牢 是指预期股价上涨，不料买进后，股价一路下跌；或是预期股价下跌，卖出股票后，股价却一路上涨，前者称多头套牢，后者是空头套牢。

抢短线 预期股价上涨，先低价买进后再在短期内以高价卖出。预期股价下跌，先高价卖出再伺机在短期内以低价再回购。

抬拉 抬拉是用非常方法，将股价大幅度抬起。通常大户在抬拉之后便抛出以牟取暴利。

打压 是用非常方法，将股价大幅度压低。通常大户在打压之后便大量买进以牟取暴利。

护盘 股市低落、人气不足时，机构投资大户大量购进股票，防止股市继续下滑行为。

反弹 股票价格在下跌趋势中因下跌过快而回升的价格调整现象，回升幅度一般小于下跌幅度。

斩仓（割肉） 在买入股票后，股价下跌，投资者为避免损失扩大而低价（赔本）卖出股票的行为。

平仓 投资者在股票市场上卖股票的行为。

建仓 投资者开始买入看涨的股票。

筹码 投资人手中持有一定数量的股票。

踏空 投资者因看淡后市，卖出股票后，该股票股价却一路上扬，或未能及时买入，因而未能赚得利润。

跳水 指股价迅速下滑，幅度很大，超过前一交易日的最低价很多。

阴跌 指股价进一步退两步，缓慢下滑的情况，如阴雨连绵，长跌不止。

跳空与回补 股市受强烈的利多或利空消息影响，开盘价高于或低于前一交易日的收盘价，股价走势出现缺口，称之为跳空；在股价之后的走势中，将跳空的缺口补回，称之为补空。

N、XD、XR、DR分别表示什么 当投资者观看股票行情时，往往会看到有些股票的名称前面突然冒出了英文字母，这些字母分别表示什么呢?让我们分别作出解释：

（1）当股票名称前出现了N字，表示这只股是当日新上市的股票，字母N是英语New（新）的缩写。看到带有N字头的股票时，投资者除了知道它是新股，还应认识到这只股票的股价当日在市场上是不受涨跌幅限制的，涨幅可以高于10%，跌幅也可低于10%。这样就较容易控制风险和把握投资机会。

（2）当股票名称前出现XD字样时，表示当日是这只股票的除息日，XD是英语Exclud（除去）Dividend（利息）的简写。在除息日的当天，股价的基准价比前一个交易日的收盘价要低，因为从中扣除了利息这一部分的差价。

（3）当股票名称前出现XR的字样时，表明当日是这只股票的除权日。XR是英语Exclud（除去）Right（权利）的简写。在除权日当天，股价也比前一交易日的收盘价要低，原因在于股数的扩大，股价被摊低了。

（4）当股票名称前出现DR字样时，表示当天是这只股票的除息、除权日。D是Dividend（利息）的缩写，R是Right（权利）的缩写。有些上市公司分配时不仅派息而且送转红股或配股，所以出现同时除息又除权的现象。

第七节　散户如何参与打新股

我们常听老股民提到“打新”，所谓打新就是新股发行，股民进行线上申购，如果中签的话，就能买到即将上市的股票。

打新为什么会让股民趋之若鹜呢？我们可以看一下2016年的打新大数据。在当年A股股市相对低迷的情况下，总收益率高达38.6%，沪市新股股价平均上涨了3.72倍，深市新股平均上涨幅度为5.01倍。如此“暴利”的赚钱法，难怪会吸引众多股民参与了。

那么，打新股的交易规则是怎样的呢？

T-2日前

打新市值准备：以投资者为单位计算的T-2日前20个交易日（含T-2日）的日均市值计算。打新股有最低申购份额，沪市申购单位为1000股、深市申购单位为500股。且同一投资者使用多个证券账户参与同一只新股申购的，以及投资者使用同一证券账户多次参与同一只新股申购的，以该投资者的第一笔申购为有效申购，其余申购均为无效申购。

T-1日

发行人与主承销商刊登网上发行公告。

T日（申购日）

投资者根据额度进行申购，申购时无须缴款，当日配号，并发送配号结果数据。

T+2日

中签号公布。主承销商公布发行价格及中签结果，投资者也可以向其指定交易的证券公司查询中签结果。中签的投资者应依据中签结果履行资金交收义务，确保其资金账户在T+2日24：00前有足额的新股认购资金。

T+3日

15：00前，结算参与人向中国结算公司申报其投资者放弃认购数据；16：00，中国结算公司对认购资金进行交收处理，将认购资金划入主承销商资金交收账户。

T+4日

主承销商将认购资金扣除承销费用后划给发行人，公布网上发行结果。

需要注意的是以上T+N日为交易日，遇周六、周日顺延。

了解了最新的新股申购规则后，我们还要掌握一点打新股的技巧，因为申购新股的中签率普遍低于百分之一，一些小技巧却可以帮我们提高一点中签率。

1.选择新股申购最好时间

上午：10：15—10：45

下午：13：45—14：15

从历史数据可知，摇号过程中最前面和最后面的概率相对较小，处在中间的号更容易摇到。

2.买发行价相对高的股票

在性质类似的新股中，打价格更高的股票性价比相对更高。

3.高效利用手中的打新资金

打新股的市值是可以重复使用的，比如你有200万资金，新股配套的市值要求是20万元。如果有一天有10只新股同时申购，你就可以10只全部申购。

4.集中资金打大盘股

一般来说，大盘新股的中签率明显高于小盘股，所以资金较少的散户应积极参与超级大盘股的新股申购。

5.打新只能申报一次，第二次申报作废

这是个重要的提示，千万不要因为手误而浪费了宝贵的机会，新股申购只算你第一次申购的股数。

第二章

如何看懂财务状况？炒股实用技能（一）

——上市公司财务报表及业绩分析

第一节　分析资产负债表

1. 资产负债表各项目的填列

报表中的“年初数”栏内各项数字，根据上年末资产负债表“期末数”栏内所列数字填列。如果本年度资产负债表各个项目的名称和内容同上年度不相一致，则应对上年末资产负债表各项目的名称和数字按照本年度的口径进行调整，填入报表中的“年初数”栏内。

2. 报表其他各项目的内容和填列方法

“货币资金”项目　反映企业库存现金、银行结算户存款、外埠存款、银行汇票存款、银行本票存款和在途资金等货币资金的合计数。

“短期投资”项目　反映企业购入的各种能随时变现，持有时间不超过1年的有价证券以及不超过1年的其他投资。

“应收票据”项目　反映企业收到的未到期收款也未向银行贴现的应收票据，包括商业承兑汇票和银行承兑汇票。

“应收账款”项目　反映企业因销售产品和提供劳务等而应向购买单位收取的各种款项。

“坏账准备”项目　反映企业提取尚未转销的坏账准备。

“预付账款”项目　反映企业预付给供应单位的款项。

“应收补贴款”项目　反映企业应收的各种补贴款。

“其他应收款”项目　反映企业对其他单位和个人的应收和暂付的款项。

“存货”项目　反映企业期末在库、在途和在加工中的各项存货的实际成本，包括原材料、包装物、低值易耗品、自制半成品、产成品、分期收款发出商品等。

“待摊费用”项目　反映企业已经支付但应由以后各期分期摊销的费用。企业的开办费、租入固定资产改良及大修理支出以及摊销期限在1年以上的其他待摊费用，应在本表“递延资产”项目反映，不包括在该项目数字之内。

“待处理流动资产净损失”项目　反映企业在清查财产中发现的尚待转销或作其他处理的流动资产盘亏、毁损扣除盘盈后的净损失。

“其他流动资产”项目　反映企业除以上流动资产项目外的其他流动资产的实际成本。

“长期投资”项目　反映企业不准备在1年内变现的投

资。长期投资中将于1年内到期的债券，应在流动资产类下“一年内到期的长期债券投资”项目单独反映。

“固定资产原价”项目和“累计折旧”项目 反映企业的各种固定资产原价及累计折旧。融资租入的固定资产在产权尚未确定之前，其原价及已提折旧也包括在内。融资租入固定资产原价并应在本表下端补充资料内另行反映。

“固定资产清理”项目 反映企业因出售、毁损、报废等原因转入清理但尚未清理完毕的固定资产的净值，以及固定资产清理过程中所发生的清理费用和变价收入等各项金额的差额。

“在建工程”项目 反映企业期末各项未完工程的实际支出和尚未使用的工程物资的实际成本，包括交付安装的设备价值，未完建筑安装工程已经耗用的材料、工资和费用支出、预付出包工程的价款、已经建筑安装完毕但尚未交付使用的建筑安装工程成本、尚未使用的工程物资的实际成本等。

“待处理固定资产净损失”项目 反映企业在清查财产中发现的尚待批准转销或作其他处理的固定资产盘亏扣除盘盈后的净损失。

“无形资产”项目 反映企业各项无形资产的原价扣除摊销后的净额。

“递延资产”项目　反映企业尚未摊销的开办费、租入固定资产改良及大修理支出以及摊销期限在一年以上的其他待摊费用。

“其他长期资产”项目　反映除以上资产以外的其他长期资产。

“递延税款借项”项目　反映采用纳税影响会计法进行所得税会计核算的企业，尚未转销的递延税款金额。

“短期借款”项目　反映企业借入尚未归还的一年期以内的借款。

“应付票据”项目　反映企业为了抵付货款等而开出、承兑的尚未到期付款的应付票据，包括银行承兑汇票和商业承兑汇票，

“应付账款”项目　反映企业购买原材料或接受劳务等供应而应付给供应单位的款项。

“预收账款”项目　反映企业预收购买单位的货款。

“其他应付款”项目　反映企业所有应付和暂收其他单位和个人的款项，如应付保险费、存入保证金等。

“应付工资”项目　反映企业应付未付的职工工资。

“应付福利费”项目　反映企业提取的福利费的期末余额。

“未交税金”项目　反映企业应交未交的各种税金（多

交或尚未抵扣的税金以“-”号填列）。

“未付利润”项目 反映企业应付未付给投资者及其他单位和个人的利润（未付数以“-”号填列）。

“其他未交款”项目 反映企业应交未交的除税金、应付利润以外的各种款项（未交数以“-”号填列）。

“预提费用”项目 反映企业所有已经预提计入成本费用而尚未交付的各项费用。

“其他流动负债”项目 反映除上述流动负债以外的其他流动负债。

“长期借款”项目 反映企业借入尚未归还的一年期以上的借款本息。

“应付债券”项目 反映企业发行的尚未偿还的各种长期债券的本息。

“长期应付款”项目 反映企业期末除长期借款和应付债券以外的其他各种长期应付款。如在采用补偿贸易方式下引进国外设备，尚未归还外商的设备价款；在融资租赁方式下，企业应付未付的融资租入固定资产的租赁费以及住房周转金等。

“其他长期负债”项目 反映除上述长期负债项目以外的其他长期负债。 上述长期负债各项目中将于一年内到期的长期负债，应在本表“一年内到期的长期负债”项目内另行反映。

“实收资本”项目 反映企业实际收到的资本总额。

“资本公积”项目和“盈余公积”项目 分别反映企业资本公积和盈余公积的期末余额。

“未分配利润”项目 反映企业尚未分配的利润。

3. 阅读资产负债表，分析企业的大额红字项目

对资产负债表的一些重要项目，尤其是期初与期末数据变化很大，或出现大额红字的项目进行进一步分析，如流动资产、流动负债、固定资产、有代价或有息的负债（如短期银行借款、长期银行借款、应付票据等）、应收账款、货币资金以及股东权益中的具体项目等。例如，企业应收账款过多占总资产的比重过高，说明该企业资金被占用的情况较为严重，而其增长速度过快，说明该企业可能因产品的市场竞争能力较弱或受经济环境的影响，企业结算工作的质量有所降低。

此外，还应对报表附注说明中的应收账款账龄进行分析，应收账款的账龄越长，其收回的可能性就越小。又如，企业年初及年末的负债较多，说明企业每股的利息负担较重，但如果企业在这种情况下仍然有较好的盈利水平，说明企业产品的获利能力较佳、经营能力较强，管理者经营的风险意识较强，魄力较大。再如，在企业股东权益中，如法定的资本公积金大大超过企业的股本总额，这预示着企业将有良好的股利分配政策。但在此同时，如果企业没有充足的货币资金作保证，预计该企业将会选择送配股增资的分配方案而非采用发放现金股利的分配方案。

第二节 分析利润及利润分配表

根据有关规定，股份制企业中的各上市公司必须公告其年度报告，其中，利润及利润分配表就是一项很重要的公告内容。

1. 利润及利润分配表的填列

“主营业务收入” 指企业销售商品的销售收入和提供劳务等主要经营业务取得的收入总额。

“营业成本” 指企业已销售商品和提供劳务等主要经营业务的实际成本。

“销售费用” 指企业在销售商品过程中所发生的应由主营业务负担的各项销售费用。如广告费。

“管理费用” 指企业为组织和管理企业生产经营所发生的管理费用，包括企业的董事会和行政管理部门在企业的经营管理中发生的，或者应当由企业统一负担的公司经费

（包括行政管理部门职工工资、折旧费、修理费、物料消耗、低值易耗品摊销、办公费和差旅费等）。

“财务费用” 指企业在生产经营过程中发生的一般财务费用，如利息支出、汇兑损失及金融机构手续费。

“进货费用” 指商业企业在进货过程中发生的应当由企业负担的运输费、装卸费、包装物、保险费等。

“营业税金及附加” 指企业应由销售商品、提供劳务等负担的税金，包括产品税、增值税、城市维护建设税等营业税金。

“主营业务利润” 指以上“1项−2项−3项−4项−5项−6项−7项”的合计数。

“其他业务利润” 指企业除销售商品和提供劳务等主营业务外的其他业务收入和扣除其他业务成本及应负担的费用、税金后的净收入（如为净支出应以“−”号表示）。

“营业利润” 指“主营业务利润项+其他业务利润项”之和。

“投资收益” 指企业以各种方式对外投资所取得的收益，其中包括分得的投资利润、债券投资的利息收入以及认购的股票应得的股利等。

“营业外收入”项目和“营业外支出”项目 反映企业业务经营以外的收入和支出。

“利润总额” 指企业在一定期间的经营成果，包括营业利润、投资净收益和营业外收支净额。所以，利润总额指“10项+11项+12项的净额（营业外收入-营业外支出）”的合计数。

“年初未分配利润” 应与上年利润分配表“未分配利润”项目的本年实际数一致。

“上年利润调整” 指企业年度结账时发现前年度的会计处理上有误需调整的损益。如：本年一结账，审核发现上年度销售费用少汇或多记××元，因此，要进行上年利润的调整。如减少利润用负号表示。（注：按新制度此项已取消，为方便读者理解上市公司历史年度的财务数据起见，予以保留）。

“公积金转入数” 指企业按规定公积金弥补亏损以及用公积金分配的股利数。

“可分配利润” 指企业可用于最后分配的利润。

“应交所得税”项目 反映企业年度内应交纳的所得税。所得税税率正常情况下为33%。

“提取法定盈余公积金” 指企业按规定比例从税后利润提取的公积金。

“可供股东分配的利润” 指企业最后用于股东分配的利润。

“已分配优先股股利”项目 反映分配给优先股股东的股利。

“提取任意盈余公积金”项目 反映企业按照股东会议决议提取的任意盈余公积金。

“已分配普通股股利”项目 反映企业按照股东会议决议，分配给普通股股东的股利。

“未分配利润” 指本年企业未分转入下年待处理的利润。

2. 利润及利润分配表的分析要点

根据利润及利润分配表中的数据，并结合年度报告中的其他有关资料，特别是资产负债表中的有关资料，投资者可以从以下几个方面进行阅读和分析：

（1）从总体上观察企业全年所取得的利润大小及其组成是否合理。通过将企业的全年利润与以前利润比较，能够评价企业利润变动情况的好坏。通过计算利润总额中各组成部分的比重，能够说明企业利润是否正常合理。通常情况下，企业的主营业务利润应是其利润总额的最主要的组成部分，其比重应是最高的，其他业务利润、投资收益和营业外收支相对来讲比重不应很高。如果出现不符常规的情况，那就需要多加分析研究。

（2）通过对企业毛利率的计算，能够从一个方面说明企业主营业务的盈利能力大小。毛利率的计算公式为：（主营业务收入-营业成本）÷主营业务收入×100%如果企业毛利率比以前提高，可能说明企业生产经营管理具有一定的成效，同时，在企业存货周转率未减慢的情况下，企业的主营业务利润应该有所增加。反之，当企业的毛利率有所下降，则应对企业的业务拓展能力和生产管理效率多加考虑。

（3）可通过有关比率指标的计算，来说明企业的盈利能力和投资回报。

第三节　分析现金流量表

1. 现金流量表中的现金的含义

现金流量表中的现金是指库存现金，可以随时用于支付的存款和现金等价物。库存现金，可以随时用于支付的存款，一般就是资产负债表上“货币资金”项目的内容。准确地说，则还应剔除那些不能随时动用的存款，如保证金专项存款等。现金等价物是指在资产负债表上"短期投资"项目中符合以下条件的投资：

（1）持有的期限短；

（2）流动性强；

（3）易于转换为已知金额的现金；

（4）价值变动风险很小。

在我国，现金等价物通常是指从购入日至到期日在3个月或3个月以内能转换为已知现金金额的债券投资。例如，公司在编制2009年中期现金流量表时，对于2009年6月1日购入2006年8月1日发行的期限为3年的国债，因购买时还有两个月到期，故该项短期投资可视为现金等价物。

现金流量表主要由三部分组成，分别反映企业在经营活动、投资活动和筹资活动中产生的现金流量。每一种活动产生的现金流量又分别揭示流入、流出总额，使会计信息更具明晰性和有用性。经营活动产生的现金流量，包括购销商品、提供和接受劳务、经营性租赁、交纳税款、支付劳动报酬、支付经营费用等活动形成的现金流入和流出。

2. 现金流量表中经营活动现金流量净额与利润表的净利润相差的原因

第一个原因是影响利润的事项不一定同时发生现金流入、流出。

有些收入，增加利润但未发生现金流入。

例如，一家公司本期的营业收入有8亿多元，而本期新增应收账款却有7亿多元，这种增加收入及利润但未发生现金流入的事项，是造成两者产生差异的原因之一。

有的上市公司对应收账款管理存在薄弱环节，未及时做好应收货款及劳务款项的催收与结算工作，也有的上市公司依靠关联方交易支撑其经营业绩，而关联方资金又迟迟不到位。这些情况造成的后果，都会在现金流量表中有所体现，甚至使公司经营活动几乎没有多少现金流入，但经营总要支付费用、购买物资、交纳税金，发生大量现金流出，从而使经营活动现金流量净额出现负数，使公司的资金周转发生困难。应收账款迟迟不能收回，在一定程度上也暴露了所确认收入的风险问题。

有些成本费用，减少利润但并未伴随现金流出。例如，固定资产折旧、无形资产摊销，只是按权责发生制、配比原则要求将这些资产的取得成本，在使用它们的受益期间合理分摊，并不需要付出现金。

第二个原因在于对现金流量分类的需要。

净利润总括反映公司经营、投资及筹资三大活动的财务成果，而现金流量表上则需要分别反映经营、投资及筹资各项活动的现金流量。

例如，支付经营活动借款利息，既减少利润又发生现金流出，但在现金流量表中将其作为筹资活动中现金流出列示，不作为经营活动现金流出反映。又如，转让短期债券投资取得净收益，既增加利润又发生现金流入，但在现金流量表中将其作为投资活动中现金流入列示，不作为经营活动现金流入反映。

第四节　分析财务状况变动表

1. 财务状况变动表的编制

它是反映企业在年度内流动资产的来源和运用情况及各项流动资金的增加或减少情况。本表的特点是：表左方反映流动资金的来源和运用情况；右方反映各项流动资产和流动负债的增减情况。

“本年利润”项目　反映企业年度内实现的利润（如为亏损用“-”号表示）。

“固定资产折旧”项目　反映企业年度内累计提取的折旧。

“无形资产、递延资产摊销”项目　反映企业年度内累计摊入成本、费用的无形资产以及开办费、其他长期待摊费用等递延资产价值。

“固定资产盘亏”项目　反映企业经批准在营业外支出列支的固定资产盘亏减去盘盈的净损失。

“清理固定资产损失”项目 反映企业年度内由于出售固定资产和固定资产报废、毁损发生的净损失。

“小计”项目 是以上五项的相加合计数。上述为"流动资金"来源中属不减少企业流动资金的费用和损失的"本年利润"中的流动资金。

“其他来源” 指利润以外的其他可增加流动资金的来源。它包括"固定资产清理收入、增加长期负债等。

“固定资产清理收入” 指企业年度内清理固定资产发生的变价收入、出售固定资产的价款收入以及因固定资产损失而向过失人或保险公司收回的赔偿款扣除清理费用后的净额。

“增加长期负债”项目 反映企业年度内长期负债累计增加数。

“收回长期投资”项目 反映企业年度内收回的长期投资累计数。

“对外投资转出固定资产”项目和“对外投资转出无形资产”项目 分别反映年度内用固定资产、无形资产对外投资累计数。

“资本净增加额”项目 反映企业年度内追加的资本累计数。包括追加的股本、超面额发行股票溢价以及提取的公积金和公益金。企业按照规定程序经批准减少注册资本而发还股款收购股票应自本项目内扣除。

流动资金来源合计数　是由“小计项+其他来源项”的合计数。

“应交所得税”项目　反映企业年度内应交纳的所得税。

“提取盈余公积金”　指企业按规定比例从税后利润提取的公积金。企业提取的公益金也在此科目下核算。

“已分配股利”项目　反映企业年度内已分配的股利累计数。

“利润分配小计”　是“应交所得税项+提取盈余公积金项+已分配利润项”之和。

“购建固定资产和在建工程净增加额”项目　反映企业年度内增加固定资产净值和建造固定资产而支出的资金累计数。

“增加无形资产、递延资产及其他资产”项目　反映企业年度的无形资产、递延资产及其他资产增加累计数。

“偿还长期负债”　指企业已偿还的长期负债额。

“增加长期投资”　指企业本年度长期投资的增加额。

“其他运用小计”　指“购建固定资产和在建工程净增加额项+增加无形资产、递延资产及其他资产项+偿还长期负债项+增加长期投资项”的合计数。

“流动资金运用合计” 指“利润分配小计项+其他运用小计项”的合计数。

“流动资金增加净额” 是指“流动资金来源合计”减去“流动资金运用合计”的净值。

此外，对那些不涉及营运资金的变化但属于企业重大理财活动的业务，也应当在财务状况变动表中予以列示。

2. 财务状况变动表的作用

对财务状况变动表的分析，可以从下列几方面进行：从财务状况变动表的右半部分，可以了解企业经过一个会计期间的经营活动后营运资金的变动结果及其分布，从而确定该企业的营运资金状况是“恶化”了还是“好转”了。例如，1994年度某企业的营运资金，年末比年初净增加1 036.1万元。这对所有者权益（期末）为3 396.1万元，资产总额为4 121万元（期末）的企业来讲，是一个比较大的营运资金状况好转的迹象。

一般而言，企业保持适应规模的货币资金有利于保持其营运资金状况处于较好的状态，但如果货币资金过多，则应进行具体分析：如果是因为季节性、临时性的原因导致的货币资金余额较多，则属正常；但如果是由于企业对货币资金运用不当所致则企业应从加强财务管理方面多下功夫。从财务状况变动表的左方，可以分析企业当期营运资金的增加

（来源）因素及其使用方向。

其中，营运资金来源中，经营活动提供的营运资金（以“本年净利润”为基础进行的调整）反映了企业经营活动对营运资金的“贡献”。

在企业处于正常的经营状态下，这部分营运资金来源应占总营运资金来源的相当大的比重。企业的理财活动对营运资金的“贡献”则体现在“其他来源”中。在企业的初建和经营活动开始初期，这部分来源应构成营运资金来源的较大比重。

第五节 分析影响公司业绩的重大事件

就像股市是一个喧闹躁动的海洋一样，企业的经营也不是风平浪静的，一个上市公司总是要伴随着各种突发的、影响重大的事件而成长的。企业中常见的重大事件有以下几种。

1. 公司订立重大合同

该合同可能对公司的资产、负债、权益和经营成果中的一项或多项产生显著影响。

在合同中，最常见的是关于产品或劳务的销售合同。

在企业生产经营中，最重要的是要保证所生产的产品或提供的劳务有销路，如果其产品或劳务没有销路，再先进的工艺设备、再科学的生产组织等都将付之东流。而销售合同的订立，就保证了在今后一段时间里产品或劳务的销路，保障了营业收入的取得，使企业的生产、销售能够延续，从而保障企业的生存与发展。

如某些上市公司，常常披露本公司的销售合同已经预订到了其后的两年时间，就有力地说明该企业所提供的产品是处于供不应求的状态，投资者也就有理由相信企业在未来的两年里，其生存不会发生问题。

2. 股东大会及决议

按照规定，股东大会每年至少得召开一次。在股东大会上，一般要重新选举董事会成员和监事会成员，这些高级管理人员的变动，必将影响到公司的经营风格和管理水平。而股东大会的有关决议，如对董事会的授权、对投资项目的改变、有关增资扩股和利润分配方案等，也将影响到公司投资者的切身利益。

3. 公司的经营政策或者经营项目发生的重大变化

毫无疑问，公司经营政策、经营方式及经营项目的重大变化都将影响到公司今后的经营业绩，甚至影响到公司的生存与发展。

4. 公司发生重大的投资行为或者购置金额较大的长期资产的行为

公司所发生的重大投资行为，或者购置金额较大的长期资产的行为，将影响到股东权益的变化，倘若投资失败，还会减少公司的净资产，使每股股票的净资产降低。在过去的几年里，一些上市公司经营不佳，相当部分都是其投资不合理或者盲目投资造成的。

5. 公司发生重大债务

一般来说，企业在经营中都需要经常举债，以保障资金的周转，虽然有些公司从来不举债，但灵活地运用借债来加速公司的资金周转是企业经营中的一项重要技巧。但若公司的债务过多，使其资产负债率居高不下，接近甚至达到100%，公司就会面临破产的危险，所以对于公司所发生的重大债务，投资者一定要密切注意。

6. 公司资产遭受重大损失

在企业的经营中，有两类事件容易导致公司的资产遭受损失，一类是天灾，一类是人祸。天灾是一些不可抗拒的自然力量，如洪水暴发、地震等等；人祸主要是投资的失误、在生产中人为的操作失误等等。

在公司的资产遭受损失时，一是要研究遭受损失的财产与公司的净资产相比占有多大的比重，对每股净资产的影响有多大；二是其对未来企业经营管理的影响，是否对生产有影响，企业能在多长的时间范围内恢复生产，从而对未来年份的经营效益作出合理的预测。

7. 公司未能归还到期重大债务的违约情况

在债务到期时，公司未能归还重大债务，说明公司的资金周转出现困难，进而可能影响到企业的经营。如某百货商场以营业场所作抵押借贷了大量的资金，但由于到期不能履行债务，金融机构向法院提出诉讼，要求将百货商场的场地予以拍卖；百货商场由于丧失了营业场所，营业不能继续，最终破产倒闭。

8. 新颁布的法律、法规、政策、规章等，可能对公司的经营有显著影响

公司的经营除了受经营水平、经营环境等的影响外，相关的法律、法规也将对公司运营产生影响。如为了环境保护，国家规定一些低档次、小规模的造纸厂必须在指定的期限内停产或增加污水处理装置，这势必增加造纸企业的生产成本或直接影响造纸企业的生存。如国家赋予外商投资企业“国民待遇”，与此同时，所有企业将在所得税方面一视同仁，任何企业不得有所特殊。那么，目前部分上市公司所享受的15%所得税税率优惠将会被取消，在利润总额相同的情况下，净利润就会减少。

9. 持有公司5%以上发行在外的普通股的股东，其持有的该股票的增减变化达到该种股票发行在外总额的2%以上

按照中国证券监督管理委员会的规定，当持有5%以上发行在外的普通股票的增减变化达到该种股票发行在外总额的2%以上时，意味着公司的大股东增加或减持公司股份。若是增加持股，可能有收购事件发生，而减持公司股份，就可能使大股东的结构发生变化，从而影响董事会的组成。

10. 公司生产经营环境发生重大变化

公司的经营环境发生重大变化后，将对公司的经营产生影响。又如公司搬迁到开发区或转移到开发区注册，它将使公司享受所得税优惠，从而影响公司的税后利润留存。如公司所在地通讯、交通等条件的改善，可加快经营信息的沟通、缩短原材料和产品的运输时间，从而有利于公司提高经营水平。

11. 董事长、30%以上的董事发生变动或总经理发生变更

当董事长或30%以上的董事发生变动或总经理发生变更时，就意味着公司的高级管理及决策层发生了变化，公司的经营方针等可能受之影响而产生变化。

12. 公司章程、注册资本和注册地址的变更

公司的章程、注册资本及地址的变更说明公司的经营实力、经营方式或经营环境发生了变化。

13. 涉及公司的重大诉讼事件

涉及公司的重大诉讼事件，有可能影响到公司的生存和发展。

如某上市公司在上市前曾有两笔贷款担保已进入诉讼阶段，但上市公司认为按情理自己不应该成为被告而未向股东通报。结果官司败诉后被判对贷款负连带赔偿责任，因被担保者不能履行还款义务，该上市公司将负责代被担保者偿付贷款本息近4 000万元，从而使该上市公司的股东遭受重大损失。

14. 公司进入清算、破产状态

公司进入清算、破产状态，说明公司的经营已经终结，这绝对是投资者应该关注的。

15. 公司发行债券或股票的行为

公司对外发行了债券或股票，在募集了资金、增强了公司的经营实力的同时，也使公司的资产负债结构、股本结构发生变化，从而影响公司的经营。

16. 公司营业用主要资产的抵押、出售或者报废资产超过总资产的30%

公司营业用的资产抵押、出售或者报废等行为都将影响到公司生产经营的正常进行。

17. 公司的合并或者分立

公司与其他公司合并或公司自身分立，将影响到公司的财产分割、经营方式等，从而影响到公司的生存与进一步发展。

公司发生的这些重大事件将对公司的经营管理产生深远的影响，从而使上市公司的经营业绩发生变化。股票市场是一个投机盛行的市场，上市公司所发生的每一重大事件都将成为股票炒作的题材，成为股价涨跌的导火索。

可以说，上市公司的重大事件肯定孕育着“黑马”。

第三章

如何看新闻炒股赚钱？炒股实用技能（二）

——国家经济指标与经济政策解读

第一节　看利率炒股

基准利率是人民银行公布的商业银行存款、贷款、贴现等业务的指导性利率，存款利率暂时不能上、下浮动，贷款利率可以在基准利率基础上下浮10%至上浮70%。

基准利率是金融市场上具有普遍参照作用的利率，其他利率水平或金融资产价格均可根据这一基准利率水平来确定。基准利率是利率市场化的重要前提之一，在利率市场化条件下，融资者衡量融资成本，投资者计算投资收益，客观上都要求有一个普遍公认的利率水平作参考。所以，基准利率是利率市场化机制形成的核心。

基准利率必须具备以下几个基本特征：

（1）市场化。这是显而易见的，基准利率必须是由市场供求关系决定，而且不仅反映实际市场供求状况，还要反映市场对未来的预期；

（2）基础性。基准利率在利率体系、金融产品价格体系中处于基础性地位，它与其他金融市场的利率或金融资产的价格具有较强的关联性；

（3）传递性。基准利率所反映的市场信号，或者中央银行通过基准利率所发出的调控信号，能有效地传递到其他金融市场和金融产品价格上。

从理论上讲，利率的变化与股价的变化是负相关的。也就是说提高利率对股市是个利空，降低利率对股市是个利好。

从上市公司来讲：当利率上升时，公司的借贷成本增加，公司的经营业绩通常也会有不同程度的恶化；而同时利率的上升又减少了公司未来现金流的现值，从而导致了股票价格的下跌。

从股市投资者角度来看，利率上升意味着银行存款的利息增加，投资人为了获得稳定的储蓄收益，会减少对股票投资的配置，从而导致股票买方资金的衰减，股价下跌。换言之，利息低，储蓄存款会搬家到股市；利息高，股市资金会搬家到银行。

股票投资者除了要关注利息调整是加息还是减息之外，还要关注利息调整的频率（表现为两次加息之间的时间间隔）。一般来讲，加息的频率快，说明宏观经济的决策层认为经济发展过热，股市上涨过快，需要通过连续的加息为经济降温，打压股市。例如2007年的连续加息就缘于此；反之，减息的频率快，说明宏观经济决策层认为经济发展的内外环境出现恶化，需要刺激经济、鼓励消费、拉抬股市，例如2008年的连续减息就是如此。

第二节　看汇率炒股

汇率亦称“外汇行市或汇价”。一国货币兑换另一国货币的比率，是以一种货币表示另一种货币的价格。由于世界各国货币的名称不同，币值不一，所以一国货币对其他国家的货币要规定一个兑换率，即汇率。

一般来说，本币汇率下降，即本币对外的币值贬低，能起到促进出口、抑制进口的作用；若本币汇率上升，即本币对外的比值上升，则有利于进口，不利于出口。

2007年金融海啸以来，以日本和美国为代表的国际社会要求人民币升值的呼声很大，其中一个重要考虑就是，人民币升值可令中国出口商品在国际市场上的成本有较大幅度的增加，打击中国商品的竞争力，并反过来刺激中国大量进口他们的商品。回顾1997年在亚洲金融危机的时候，如果人民币贬值，其他国家的金融危机将更糟糕。而当时我国政府坚持人民币汇率的稳定，塑造了负责任大国的形象。

从进口消费品和原材料来看，汇率的下降要引起进口商品在国内的价格上涨。至于它对物价总指数影响的程度则取决于进口商品和原材料在国民生产总值中所占的比重。反之，本币升值，其他条件不变，进口商品的价格有可能降低，从而可以起抑制物价总水平的作用。

短期资本流动常常受到汇率的较大影响。当存在本币对外贬值的趋势下，本国投资者和外国投资者就不愿意持有以本币计值的各种金融资产，并会将其转兑成外汇，发生资本外流现象。同时，由于纷纷转兑外汇，加剧外汇供求紧张，会促使本币汇率进一步下跌。反之，当存在本币对外升值的趋势下，本国投资者和外国投资者就力求持有的以本币计值的各种金融资产，并引发资本内流。同时，由于外汇纷纷转兑本币，外汇供过于求，会促使本币汇率进一步上升。

综上所述，汇率会通过影响进出口、物价和资本流动，对股市产生影响力。

当本国货币贬值时，国内出口企业提供的商品和服务在国际市场上以外币表示的价格就会降低，国际竞争力增强，促进本国商品的出口，增强国内经济的发展，这样，公司（尤其是出口公司）的盈利前景就比较好，使股票的价格有上涨的空间。如果本国货币升值，出口商品的外币价格上升，降低了国际竞争力，阻碍商品的出口，影响国内经济的发展，这样公司（尤其是出口公司）的盈利就会下降，使得股票价格下跌。

从国际资本流动的角度来讲，当本国货币贬值时，本国资本会选择流出，在股市抛售股票，导致股市下跌；当本国货币升值时，外国资本会流入，形成所谓的国际热钱，这部分热钱会选择买入本国的股票，导致股市上升。

人民币汇率升值，实质上利好A股市场，但也潜藏了一定风险。汇率升值会带来资本市场效应，使大量外来资金投到股票市场上去，有利于市场资金的扩容，活跃A股市场，增强市场信心，从中长期看，无疑是一个极大的实质性利好。同时，通过带动直接投资直接进入各行业，形成资本投入、购并和重组的热潮，成为刺激A股上涨的另一条途径。人民币升值也有可能成为影响股票市场的不稳定因素，因为外来资本的投机属性，使其一旦感受到风险，就会快速的大量撤出，造成股市的暴跌。

第三节　看财政政策炒股

财政政策是一国政府为实现一定的宏观经济目标而采取的调整财政收入规模和收支平衡的一系列指导原则及其相应

的措施的总称。

当经济增长缓慢或处于衰退时，政府通常会采用积极的财政政策。如果是采用扩大财政支出的方式，就会直接扩大对商品和劳务的总需求，刺激企业的投资，改善企业的经营业绩，促进国内经济的发展；同时还可以增加居民的收入，使其投资和消费能力增强，进一步促进国内经济的发展。在这种情况下，股票价格自然趋于上涨。

2008年下半年以来，我国政府推出四万亿的政府投资计划，就属于积极财政政策，股市应声而涨；其他各国也推出相应的“救市”计划，全球股市都走出了探底回升的走势。

如果政府是采用降低税率的方式来实施积极的财政政策，最终效果也一样。因为税率的降低会直接增加微观经济主体的收入，促进他们的消费和投资需求，从而促进国内经济的发展，改善企业的经营业绩。

相反的，如果政府缩减财政支出或提高税率，将促使股票价格下降。

第四节 看货币政策炒股

货币政策是中央银行为实现特定的经济目标运行，采取各种货币政策工具调节货币供给和利率水平，进而影响宏观经济的方针和措施的总称。货币政策主要是通过影响市场利率水平来实现。

中央银行实施货币政策时，有三个政策工具可供采用：公开市场业务、再贴现政策和法定存款准备金政策。

1. 公开市场业务

公开市场业务，即中央银行在金融市场上公开买卖政府债券以控制货币供给和影响利率水平的行为。

当经济过热时，中央银行就出售债券，一方面可以回收货币，减少货币供应量，导致市场利率水平上升；另一方面，又会促使金融市场上的债券价格下跌，市场利率上升。这两方面都会使股市资金收紧，股市下跌。

如果经济不景气，中央银行则进行相反操作，购进债券，促使利率下降，刺激社会的有效需求，促进经济发展。这对股市是个利好。

2. 再贴现政策

再贴现政策，即中央银行通过直接调整或制定对合格票据的贴现利率，以干预和影响市场利率水平，从而调节货币供应量。再贴现政策包括再贴现率的调整和向中央银行申请再贴现资格的限定。

当经济过热时，中央银行会提高再贴现率，一方面可以向市场起到“告示”作用，说明国家判断经济过热，有紧缩的意向；另一方面，又增加商业银行获得资金的成本，间接提高客户的贷款利率，使得银行信用量收缩 ，减少货币供应量。这两方面都会使得市场利率上升，从而给过热的经济降温。这对股市是个利空。

当认为经济处于衰退状态或即将衰退时，中央银行将下调再贴现率，以促进经济发展。一般来讲也会带动股市止跌回升。

3. 法定存款准备金政策

法定存款准备金政策，即中央银行在法律所赋予的权利范围内，通过调整商业银行上缴中央银行的存款准备金率，以改变货币乘数，控制商业银行的信用创造能力，最终影响市场的货币供应量。

当经济过热时，中央银行就可以调高法定存款准备金率，使市场货币供应量较大幅度的减少，从而促进市场利率上升，投资和消费需求减少，股市也会因资金面收缩而止涨下跌。

相反，当经济陷入严重衰退时，中央银行可以调低法定存款准备金率，使市场货币供应量有较大幅度的增长，促使利率下降，刺激投资和消费需求，促进经济发展。股市会止跌回升。

第五节　看供给政策炒股

供给政策着眼于提高经济的生产能力，其目标是创造一个良好的环境，使工人和资本所有者有最大的动力和能力来从事生产活动。供给政策包括如税收政策、教育政策、研究开发政策等。

例如国家提出节能减排目标后，加大对新能源、环保、节能等技术的科研扶持和税收减免政策，相关的行业板块从中受益良多，对股市是个利好。

第六节　看时政热点炒股

每当国家新政出台时，相关受益个股都会走出一波上升行情，甚至会以涨停板的方式回应政策利好。如果政府出台新的扶持政策，重点向能源、交通、基础设施投资，则这类产业的上市公司的股票价格就会受到影响。因此，每个投资者应了解时政实施的针对重点。股价发生反转的时点，通常在政府的时政还未发表前，或者是在时政公布之后的初始阶段。因此，投资者对国家新出台的政策，也必须给以密切的关注，关心新出台的政策变动的各个阶段，适时作出买入和卖出的决策。

投资者如果以时政热点为标准选择涨停目标股的话，应该重点考虑以下几点：

第一，该股票所属的上市公司是否属于国家新出台经济政策所重点扶持的行业领域。一般情况下，每当国家出台新的经济政策时，相关个股都会迎来一波上涨行情。进而，相关受益个股就具备了涨停的潜力。

第二，注意影响时政热点发展进程的敏感时间窗口。影响时政热点发展进程的敏感时间窗口往往会对相关个股的股价产生催化作用，投资者应密切注意国家召开的相关时政的会议、论坛等，把握有利时机追击个股的涨停板。

第三，挑选直接受益或走势最强的个股。直接受益或走势最强的个股股价对时政热点的反应往往要更加灵敏，上涨幅度也要更大。这些股票出现涨停的概率也会增加。投资者应把更多的精力放在这些个股上，更容易实现涨停收益。

第七节　看产业政策炒股

国家产业政策是政府为了实现一定的经济和社会目标而制定的，对产业的形成和发展进行干预的各种政策的总和。

干预包括规划、引导、促进、调整、保护、扶持、限制等方面的含义。产业政策的功能主要是弥补市场缺陷，有效配置资源；保护弱小民族产业的成长；熨平经济震荡；发挥后发优势，增强适应能力。

关于国家产业政策与股市的关系要具体客观地进行分析，不能一概地认为政策扶持行业的公司股票就是可以介入的股票。因为政府在制定相关国家政策时也要考虑相关民生问题，所扶持的行业得到发展，但其产出品却因为价格高昂而影响居民的正常消费，则会对社会的生产生活造成影响，这是政府所不能接受的。相反，国家对于一些新兴行业的政策扶持则易使相关上市公司的股票有良好的表现，产业政策所诱发的涨停板容易出现在这些个股当中。

投资者如果以产业政策为标准选择涨停目标股，则应该重点考虑以下内容：

第一，观察该股票所属的行业是否属于国家产业政策所重点扶持的行业。一般情况下，每当国家出台扶持产业发展的政策时，相关受益个股都会迎来一波上涨行情。

第二，注意该行业是否属于国家合理调控的行业。关系国家经济命脉以及和居民生活密切相关的行业，国家调控力度较强，有关上市公司股价难以出现大幅上涨。

第三，挑选直接受益或走势最强的个股。直接受益或走势最强的个股股价对产业政策的反应往往要更加灵敏，这些股票出现涨停的概率也会更大。

第四章

几根简单线条判断行情，炒股就是炒趋势

——股民常用切线画法和应用

第一节 支撑线和压力线

支撑线（surport line）又称为抵抗线。当股价跌到某个价位附近时，股价停止下跌，甚至有可能还有回升，这是因为多方在此买入造成的。支撑线起到阻止股价继续下跌的作用。这个起着阻止股价继续下跌或暂时阻止股价继续下跌的价格就是支撑线所在的位置。

压力线（resistance line）又称为阻力线。当股价上涨到某价位附近时，股价会停止上涨，甚至回落，这是因为空方在此抛出造成的。压力线起到阻止股价继续上升的作用。这个起着阻止或暂时阻止股价继续上升的价格就是压力线所在的位置。

如前所述，支撑线和压力线会阻止或暂时阻止股价向一个方向继续运动。我们知道股价的变动是有趋势的，要维持这种趋势，保持原来的变动方向，就必须冲破阻止其继续向前的障碍。比如说，要维持下跌行情，就必须突破支撑线的阻力和干扰，创造出新的低点；要维持上升行情，就必须突破上升的压力线的阻力和干扰，创造出新的高点。由此可见，支撑线和压力线迟早会有被突破的可能，它们不足以长久地阻止股价保持原来的变动方向，只不过是使之暂时停顿而已。

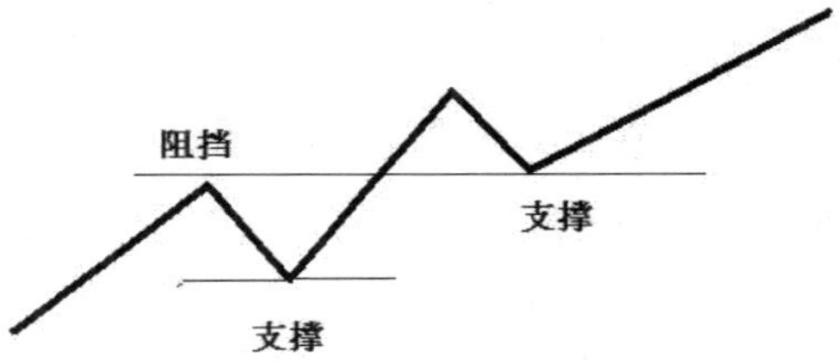

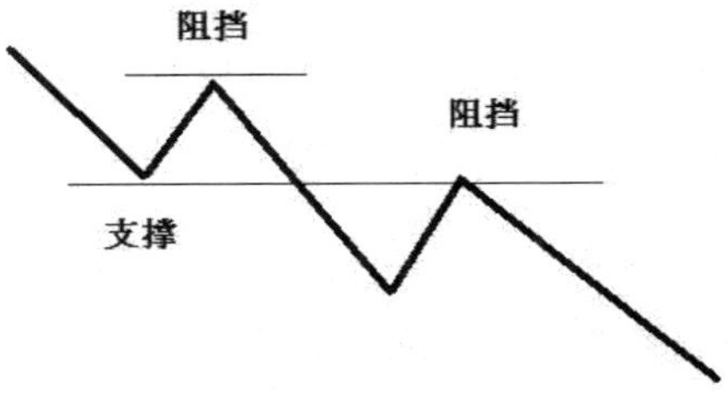

支撑与阻挡示意图

同时，支撑线和压力线又有彻底阻止股价按原方向变动的可能。当一个趋势终结了或者说到头了，它就不可能创出新的低价和新的高价，这样支撑线和压力线就显得异常重要，是取得巨大利益的地方，上升趋势中，如果下次未创出新高，即未突破压力线，这个上升趋势就已经处在很关键的位置了，如果再往后的股价又向下突破了这个上升趋势的支撑线，这就产生了一个趋势有变得很强烈的警告信号，通常这意味着，这一轮上升趋势已经结束，下一步的走向是向下跌的过程。同样，在下降趋势中，如果下次未创新低，即未突破支撑线，这个下降趋势就已经处于很关键的位置，如果下一步股价向上突破了这个下降趋势的压力线，这就发出了这个下降趋势将要结束的强烈的信号，股价的下一步将是上升的趋势。

支撑线和压力线主要是从人的心理因素方面考虑的，两者的相互转化也是从心理角度方面考虑的。支撑线和压力线之所以能起支撑和压力作用，很大程度是由于心理因素方面的原因，这就是支撑线和压力线理论上的依据。当然，心理因素不是唯一的依据，还可以找到别的依据，如历史会重复等，但心理因素是主要的理论依据。

一个市场是无外乎三类人，多头、空头和旁观。旁观的又可分为持股的和持币的。假设股价在一个支撑区域停留了一段后开始向上移动。在此支撑区买入股票的多头们很肯定地认为自己对了，并对自己没有多买入些而感到后悔。在支撑区卖出股票的空头们这时也认识到自己弄错了，他们希望股价再跌回他们的卖出区域时，将他们原来卖出的股票补回来。而旁观者中的持股者的心情和多头相似，持币者的心情同空头相似。无论是这四种人中的哪一种，都有买入股票成为多头的愿望。

正是由于这四种人决定要在下一个买入的时机买入，所以才使股价稍一回落就会受到大家的关心，他们会或早或晚地进入股市买入股票，这就使价格根本还未下降到原来的支撑位置，上述四个新的买进大军自然又会把价格推上去。在该支撑区发生的交易越多，就说明越多的股票投资者在这个支撑区有切身利益，这个支撑区就越重要。

我们再假设股价在一个支撑位获得支撑后，停留了一段时间开始向下移动，而不是像前面假设的那样是向上移动。对于上升，由于每次回落都有更多的买入，因而产生新的支撑；而对于下降，跌破了该支撑，情况就截然相反。在该支撑区买入的多头都意识到自己错了，而没有买入的或卖出的空头都意识到自己对了，无论是多头还是空头，他们都有抛出股票逃离目前市场的想法。一旦股价有些回升，尚未到达原来的支撑位，就会有一批股票抛压出来，再次将股价压低。

以上的分析过程对于压力线也同样适用，只不过结论正好相反。

这些分析的附带结果是支撑和压力地位的相互转换。如上所述，一个支撑如果被突破，那么这个支撑将成为压力；同理，一个压力被突破，这个压力将成为支撑。这说明支撑和压力的角度不是一成不变的，而是可以改变的，条件是它被有效的足够强大的股价变动突破。怎样才能算被突破呢?用一个数字来严格区分突破和未突破是很困难的，没有一个明确的截然的分界线。一般说来，穿过支撑线或压力线越远，突破的结论越正确，越值得我们相信，越让我们认识到新的压力线和支撑线。

一般来说，一个支撑线或压力线对当前时期影响的重要性有三个方面的考虑：

（1）股价在这个区域停留的时间的长短；

（2）股价在这个区域伴随的成交量大小；

（3）这个支撑区域或压力区域发生的时间距离当前这个日期的远近。

很显然，股价停留的时间越长，伴随的成交量越大，离现在越近，则这个支撑或压力区域对当前的影响就越大；反之就越小。有时，由于股价的变动，会发现原来确认的支撑或压力可能不真正具有支撑或压力的作用，比如说，不完全符合上面所述的三条。这时，就有一个对支撑线和压力线进行调整的问题，这就是支撑线和压力线的修正。对支撑线和压力线的修正过程其实是对现有各个支撑线和压力线的重要性的确认。每个支撑和压力在人们的心目中的地位是不同的。股价到了这个区域，你心里清楚，它很有可能被突破，而到了另一个区域，你心里明白，它就不容易被突破。这为进行买入卖出提供了一些依据，不至于仅凭直觉进行买卖决策。

第二节　趋势线

1. 趋势线的含义

连接股价波动的高点的直线为下降趋势线，连接股价波动的低点的直线为上升趋势线。

需要指出的是，趋势线的起点不一定是最高点或最低点，往往是次高点或次低点。因为每一条上升趋势线，需要两个明显的底部，才能决定；每一条下跌趋势线，则需要两个顶点才能决定。根据波动的时间又可分为长期趋势线（连接长期波动点）和中期趋势线（连接中期波动点）。一般说来，所画出的直线被触及的次数越多，其作为趋势线的有效性越能得到确认，用它进行预测越准确有效。另外，这条直线延续的时间越长，就越具有有效性。

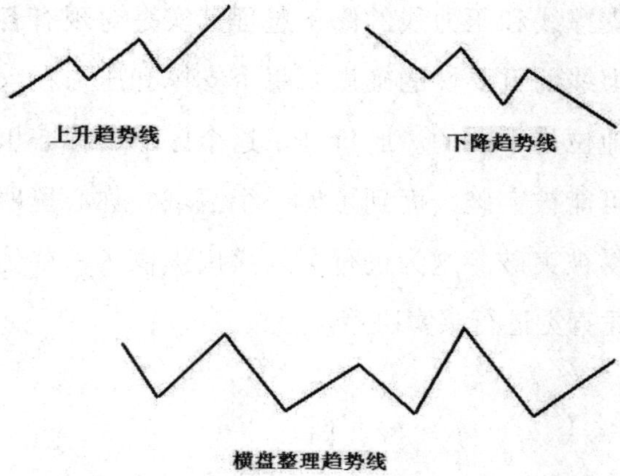

趋势线示意图

趋势线的相对陡峭程度（斜率）也很重要。一般来说，倾斜角度约为45度趋势线最有意义。某些图表分析家甚至简单地从图上某个显著高点或低点引出一条45度倾角的直线，作为主要趋势线。W.D.江恩对所谓45度线技术就特别垂青，因为这样的直线反映出的价格随着时间向上升或下降的速率，恰好从价格、时间两个方面处于完美的平衡之中。如果趋势线过于陡峭，那么通常表明价格上升得太快，因而难以持久。如果这样的趋势线被跌破了，可能只是意味着上升趋势的坡度将调整回45度线上下，而不是趋势的逆转。如果趋势线过于平缓，说明这个上升趋势过于衰弱，因而不太可靠。

上涨行情中为了调整股价与趋势线之间的角度，股价会以回挡的方式来修正，一般情形下，股价回挡的幅度，通常为其前一次上涨幅度的1/3或2/3。反之，下跌行情时会以反弹的方式对应。然而，极强势或极弱势的行情，通常都以横向的方式修正角度，这种修正法称为“以时间换取空间”。也就是说，股价不需要以回档或反弹的方式修正角度，在原有股价的水平下，让时间自然将股价推移至趋势线附近，完成修正的作用。因此，横向盘整虽然很令股民厌恶，但是，它不一定不好，反之，它可能正在酝酿下一波的攻势。

2. 趋势线的市场含义

趋势线表明当股价向其固定方向移动时，它非常有可能沿着这条线继续移动。

（1）当上升趋势线跌破时，就是一个出货讯号，并成为后期回升的阻力；在没有跌破之前，上升趋向线就是每一次回落的支持。

（2）当下降趋向线突破时，就是一个入货讯号，并成为后期回落时的支持；在没升破之前，下降趋向线就是每一次回升的阻力。

（3）在长期上升趋势中，当有非常高的成交量出现时，这可能为中期变动终了的信号，紧随着而来的将是反转趋势。

（4）在中期变动中的短期波动结尾，大部分都有极高的成交量，顶点比底部出现的情况更多，不过在恐慌下跌的底部常出现非常高的成交量。这是因为在顶点，股市沸腾，散户盲目大量抢进，大户与做手乘机脱手；于底部，股市经过一段恐慌大跌，无知散户信心动摇，见价就卖，而此时实已到达长期下跌趋势的最后阶段，于是大户与做手开始大量买进，造成高成交量。

（5）股价的上升与下跌，在各种趋势之末期，皆有加速上升与加速下跌之现象。因此，趋势反转的顶点或底部，大都远离趋势线。

3. 如何判断股价是否突破了趋势线

当股价突破趋势线时，突破的可信度可从下列几点判断：

假如在一天的交易时间里突破了趋势线，但其收市价并没有超出趋势线的外面，这并不算是突破，可以忽略它，而这条趋势线仍然有用。

如果收市价突破了趋势线，必须要超越3%才可信赖；另外，如果连续三根（至少两根）的K线收市价停留在趋势线的另一方，也被视为突破有效。

当股价上升冲破下降趋势线的阻力时需要有成交量增加的配合；但向下跌破上升趋势线支持则不必如此，通常突破当天的成交量并不增加，不过，于突破后的第二天会有增大的现象。

当突破趋势线时出现缺口，这突破将会是强而有力。

4. 实验性趋势线

有经验的技术性分析者经常在图表上画出各条不同的试验性趋势线，当证明其趋势线毫无意义时，就会将之擦掉，只保留具有分析意义的趋势线。此外，还会不断地修正原来的趋势线，例如当股价跌破上升趋势线后又迅即回升这趋势线上面，分析者就应该从第一个低点和最新形成的低点重划出一条新线，或是从第二个低点和新低点修订出更有效的趋势线。

第三节 通道线

通道线又称轨道线或管道线，是基于趋势线的一种方法。在已经得到了趋势线后，通过第一个峰或谷可以作出这条趋势线的平行线，这条平行线（虚线）就是通道线。通道线和趋势线是相互合作的一双。很显然，先有趋势线，后有通道线。趋势线比轨道线重要得多。趋势线可以独立存在，而通道线则不能。如下图：

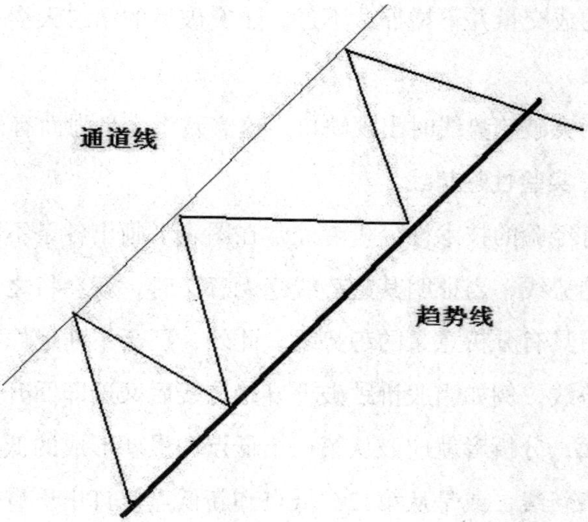

通道线示意图

两条平行线组成一个通道，这就是常说的上升通道和下降通道。通道的作用是限制股价的变动范围，让它不能变得太离谱。一个通道一旦得到确认，那么价格将在这个通道里变动。如果对上面的或下面的直线的突破将意味着将有一个大的变化。与突破趋势线不同，对通道线的突破并不是趋势反向的开始，而是趋势加速的开始，即原来的趋势线的斜率将会增加，趋势线的方向将会更加陡峭。这时许多图表分析师将按照平行于新的通道线的方向，重作基本的上升趋势线。

同趋势线一样，通道线也有是否被确认的问题。股价在通道内的位置如果的确得到支撑或受到压力而在此掉头，并一直走到趋势线上，那么这条通道线就可以被认可了。当然，通道线被触及的次数越多，延续的时间越长，其被认可的程度和其重要性就越高，这一点同趋势线以及介绍的大多数直线是相同的。通道线的另一个作用是提示趋势转向的警报。如果在一次波动中未触及通道线，离得很远就开始掉头，这往往是趋势将要改变的信号。它说明，市场已经没有力量继续维护原有的上升或下降的通道了。

通道线还具有测算意义。一旦在价格通道的两条边线上发生了突破，价格通常将顺着突破方向达到与轨道宽度相等的距离。因此我们可以根据通道的宽度，从通道边线上的突破点起，简单地顺着突破方向投影出去，得出价格目标。

然而投资者们应切记，在组成通道的两条线中，基本的趋势线远比通道线重要，也更为可靠。在趋势线技术中，通道线是第二位的。

第四节　速度线

同扇形原理考虑的问题一样，速度线也是用以判断趋势是否将要反转的。不过，速度线给出的是固定的直线，而扇形原理中的直线是随着股价的变动而变动的。另外，速度线又具有一些百分比线的思想。它是将每个上升或下降的幅度分成三等分进行处理，所以，有时我们又把速度线称为三分法。

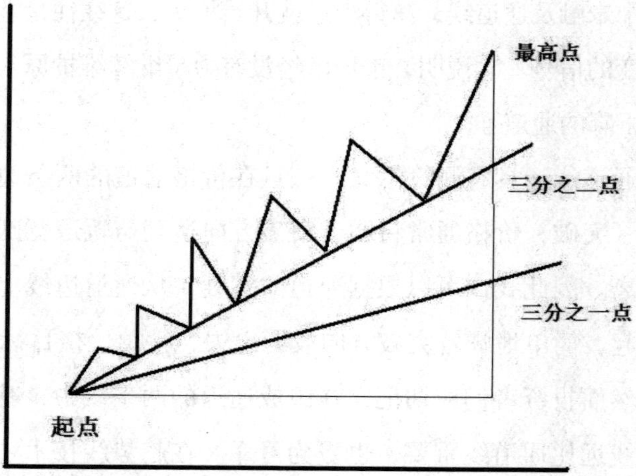

速度线示意图

1. 速度线的画法

首先，找到一个上升或下降过程的最高点和最低点（这一点同百分比线相同），然后，将高点和低点的垂直距离三等分。

第二步是连接高点（在下降趋势中）与0.33分界点和0.67分界点，或低点（在上升趋势中）与0.33和0.67分界点，得到两条直线。这两条直线就是速度线。与别的切线不同，速度线有可能随时变动，一旦有了新高或新低，则速度线将随之发生变动，尤其是新高和新低离原来的高点低点相距很近时，更是如此，原来的速度线可以说一点用也没有。

2. 速度线的意义

速度线在日后价格回撤中，将起到支撑和压力作用，一旦被突破，其原来的支撑线和压力线的作用将互相变换位置，这也是符合支撑线和压力线的一般规律的。速度线最为重要的功能是判断一个趋势是被暂时突破还是长久突破（趋势反转）。其基本的思想叙述如下：

（1）在上升趋势的调整之中，如果向下折返的程度突破了位于上方0.67的速度线，则股价将试探下方的0.33速度线。如果0.33速度线被突破，则股价将一泻而下，预示这一轮上升的结束，也就是转势。

（2）在下降趋势的调整中，如果向上反弹的程度突破了位于下方的0.67速度线，则股价将试探上方的0.33速度线。如果0.33速度线被突破，则股价将一路上行，标志这一轮下降的结束，股价进入上升趋势。

第五节 线性回归带

线性回归是一个极具特色的线型分析工具，有较强的实战价值。它是通过最小两乘法计算画出一条价格趋势线，使价格与趋势线距离总体最近，对股价的振荡范围和幅度走向加以预测，从而判别未来走势的效果。

1.线性回归通道画法

（1）线性回归线：两个定位点，用来决定时间周期的范围。在此范围内画出一根线段，使得每一根垂直于线段长度的和为最小。

（2）线性回归带：两个定位点，画法同线性回归一样，多了上下两条与之平行的线段，一条经过该周期范围内的最高价，一条经过最低价。在图中以实线表示。

（3）线性回归通道：同线性回归带，三条平行线向右侧延伸，延伸部分为虚线。回归线上方的平行线叫通道上轨线，回归线下方的平行线叫通道下轨线。

2.运用原则

（1）回归带的长度也就是两个定位点一经确定不可轻易改变；但当趋势线明显改变后，就重新确定回归带。

（2）在上升趋势中，股价突破通道上轨时将冲高回落，股价回落至回归线时将获得支撑而反弹，股价跌破回归线时是卖出信号，股价跌破通道下轨时是止损信号；在下降趋势中反之。

（3）回归通道对上升或下降第二浪有更强的预测作用。

第六节 百分比线

百分比线考虑问题的出发点是人们的心理因素和一些整数的分界点。当股价持续向上，涨到一定程度，肯定会遇到压力，遇到压力后，就要向下回撤，回撤的位置很重要。黄金分割提供了几个价位，百分比线也提供了几个价位。

以这次上涨开始的最低点和开始向下回撤的最高点两者之间的差，分别乘上几个特别的百分比数，就可以得到未来支撑位可能出现的位置。这些百分比数是：

0.125 0.25 0.375 0.5 0.625 0.751 0.33 0.67

这里的百分比线中，33%和67%的这两条线最为重要。在一个强劲趋势的调整过程中，市场通常至少回撤到前一个运动的三分之一的位置；而最大回撤位置在三分之二也就是67%的位置，大于67%，很可能就要回到起点了，原有趋势也就很可能不再继续了。另外，50%的回撤位置是一个很重要的心理价位。对于下降行情中的向上反弹，百分比线同样也适用。其方法与上升情况完全相同。

要想正确划好百分比线，首先我们需要先来确定一个完整的波段。即一轮完整的上涨或是下跌，如果上涨或是下跌的趋势还没有结束，我们是没有办法来进行测算的。而且趋势没有结束那里来的转折呢。因此要想划好百分比线，我们首先要确定趋势的结束之后才能画线。确定好趋势以后，我们只要找到前一个上涨或是下跌的波段的最高点和最低点就可以了。利用软件的画图功能，从最低点连接到最高点或是从最高点连接到最低点，就出现一组百分比线的数据。从中可以知道股价在未来的反弹或是回调之中的股价目标位。

第五章

K 线分析就这么简单，炒股不再撞运气

——快速看懂K线及K线形态

第一节　长阳线

1. 长阳线的辨别

长阳线是指交易时段的开盘价位于低价附近，收盘价位于高价附近。

判断一根阳线是否是具有明显意义的长阳线，依据是：其实体的长度至少是前1日或前3～5日平均实体长度的三倍。

还有两种特殊的阳线：光头光脚阳线和涨停阳线。判断其是否是长阳线的依据也要看前1日阳线的实体长度。如果确认是长阳线，则这两种长阳线的信号强度更为强烈。

2. 低价区的长阳线

长阳线对未来走势的信号作用，和其出现的位置有关。通常来讲，低价区的长阳线，信号作用最为强烈最为可靠。

低价区的长阳线如下图所示。一根长阳线出现在低价区，可能是底部即将形成的信号，长阳线代表该交易时段的价格上涨几乎没有受到空头的打压，收盘价越接近高价，实体的长度越长，长阳线所代表的意义越重要。

底部出现长阳线，成交量放大，一般有两种情况发生：庄家在股价底部吃进的筹码不够，采用拉高股价进货（空头陷阱），持股成本增加，拉高股价后又开始多日回调，庄家吃进更多筹码，这就形成了一个坚实的底部，成为日后的价格支撑线；另一种情况是庄家绝对控股，走出旗形走势，无需成交量配合。

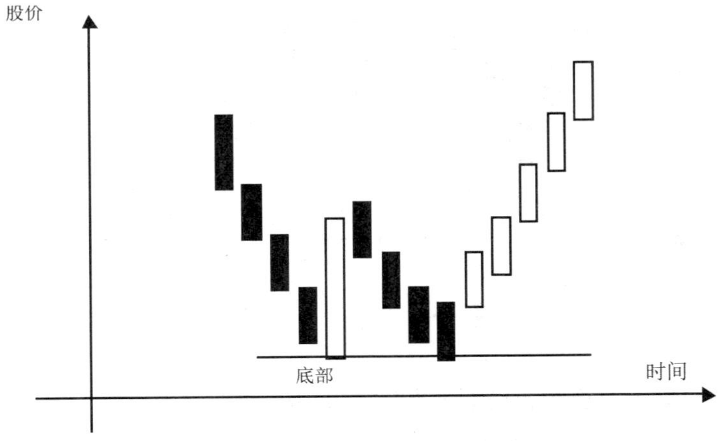

低价区的长阳线形成底部

3. 下降途中的长阳线，反弹位置和支撑线重合

在波动格局当中，如果股价回落至前一低点附近，但未

突破前一低点，则前一低点和长阳的低点构成一条支撑线。如果长阳线反弹的位置与趋势线、移动平均线或水平支撑线等重要支撑有所重合，即可更进一步确认支撑的有效性。

如下图显示一根长阳线由支撑区向上反弹，代表多头转守为攻。

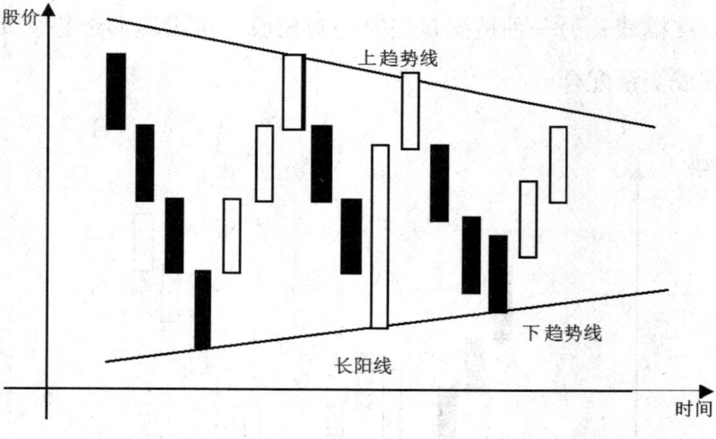

长阳线确认趋势线价格支撑的有效性

4. 上升途中，若以长阳线突破压力线

在上升途中，股价是否能够有效突破压力线，这是判断未来走势的重要依据之一。如果不能有效突破压力线，则股价仍会回到原来的运行箱体中；反之，股价就会上一个台阶。长期研究K线运行规律后发现，以长阳线突破压力线，

大多数都是非常有效的突破。根据前面学过的“支撑线与压力线相互转化”的结论，可以知道长阳线突破压力线后转变为支撑线。

如下图显示，长阳线突破压力线后转变为支撑线。

5. 涨势中，长阳线的支撑作用

根据日本文献的说法，涨势中的长阳线具有支撑的功能，在一根长阳线之后，价格很容易出现拉回的走势，这是因为市场可能处于短期超买的状况（价格在短期内上涨过速）。在这种情形下，价格可能需要稍微拉回整理，以缓解超买的状况。

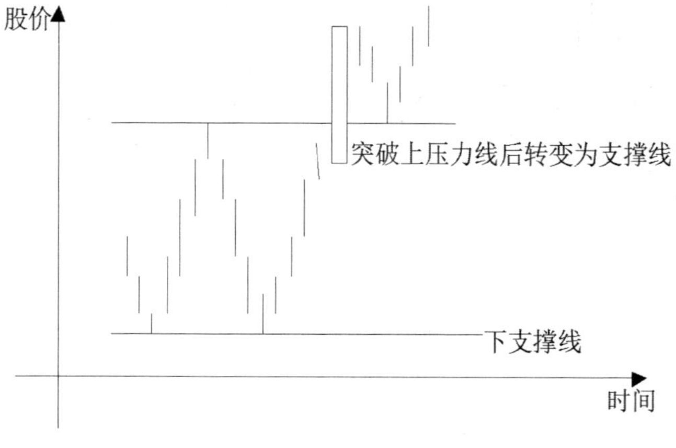

长阳线突破压力线

我们可以根据长阳线所提供的支撑功能来进行交易。例如，当价格拉回到长阳线的底端附近时可进场买进，并以长阳线的下端（包括下影线在内）作为支撑。如果收盘价跌破支撑，应考虑卖出清盘，认输离场；如果在盘中支撑线被跌破，但收盘价又拉回至支撑线以上，这种情况可认为下支撑线仍然有效。

如下图显示股价在上升趋势中长阳线的作用。长阳线的中点和底线（下影线）都可以成为阶段性价格支撑线。

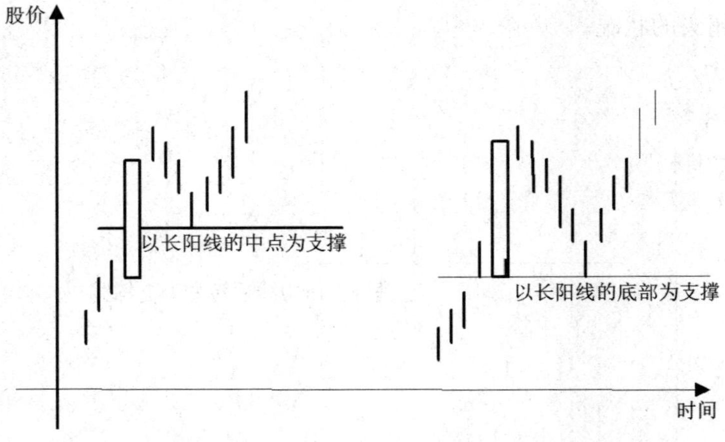

在上升趋势中以长阳线为支撑

第二节　长阴线

1. 长阴线的辨别

低价区的长阳线代表底部的信号和形成股价下支撑线，同理，在高价区的长阴线也具有强烈的信号意义，代表头部的信号和形成上档股价的压力线。

判断一根阴线是否是长阴线的依据是：长阴线的实体长度必须三倍于先前1日或3～5日的平均实体长度。

高价区的长阴线形成头部

2. 高价区的长阴线

请参考下页图，长阴线代表空头已经取得股价走势的控制权。先前的涨幅越大，超买的情况越严重，长阴线的意义越重要。

3. 下降走势中，若长阴线回落位置与某条压力线重合

如果股价冲高至某一高点后大幅下跌，形成长阴线，而冲高的价位未有效突破前一高点，则前一高点和长阴的高点构成一条压力线。如果长阴线回落的位置与趋势线、移动平均线或水平压力线等重要压力有所重合，即可更进一步确认该价位压力的有效性。

如下图所示，如果价格以一根长阴线由上档的压力区拉回，可以确认压力的有效性。因为这种线形代表多头已经后续乏力，空头已经转守为攻。不论是哪一种情况，都代表潜在的空头走势。

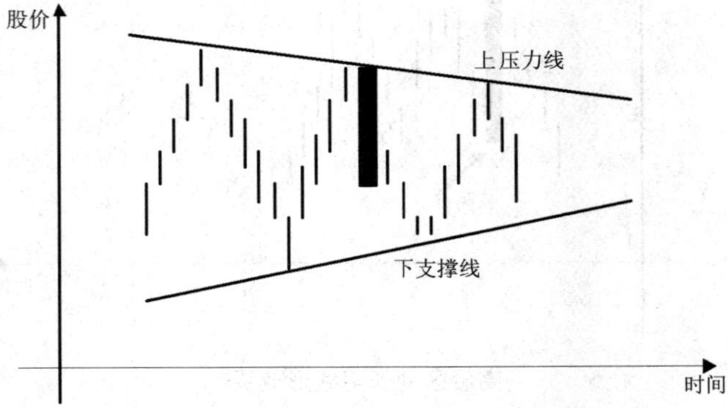

下降走势中的长阴线确认上压力线

4. 下降途中，若以长阴线突破支撑线

如下页图所示，长阴线突破下档支撑线。长阴线向下突破支撑的方式，有效突破的概率很大。根据前面讲过的“支撑线与压力线相互转化”的原理，支撑线一旦被有效突破就会成为后期反弹的压力线。

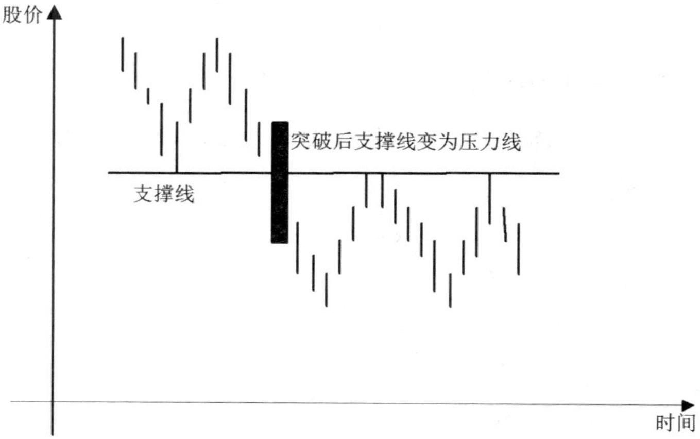

长阴线突破下档支撑线

5. 跌势中，长阴线的压力作用

根据日本文献的说法，跌势中的长阴线具有压力的功能，在一根长阴线之后，价格有可能出现反弹的走势，这是因为市场可能处于短期超卖的状况（价格在短期间内下跌过速）。在这种情形下，价格可能需要稍微反弹整理，以缓解

当前超卖的状况。

其原理与长阳线的支撑原理是相同的，只是作用是相反的。

第三节　十字线

1. 十字线的辨别

十字线，也称为十字星线，是最重要的单根线形之一，如下图所示。

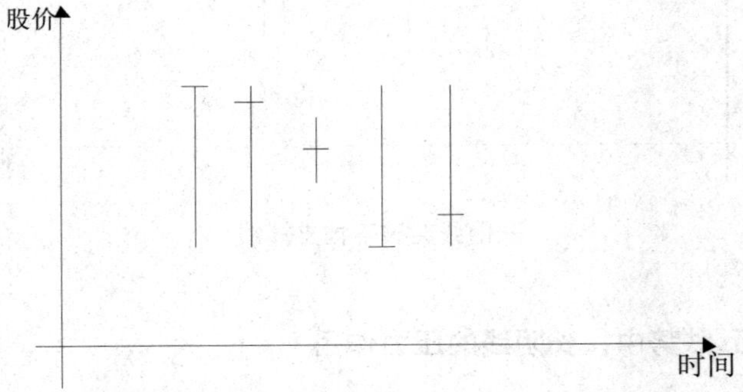

十字线

十字线的实体部分呈现水平状的直线，这是因为交易时段的开盘价与收盘价相等（或几乎相等）。

2. 十字线的指导意义

承前所述，长阳线代表多方力量大于空方力量，长阴线代表空方力量大于多方力量。而十字线代表“多空力量趋于一致的变盘信号”，十字线虽然可能意味着先前的趋势即将反转，但投资者应该将其视为多空力量转化的过渡而不是反转的信号。

如果当时的行情处于盘整横向走势，十字线没有什么指导意义。十字线如果发生在上升或下降趋势的阶段，即代表变盘的征兆。

在交易时的开盘价与收盘价非常接近，但又不完全相等，如何确定在什么条件下才可能视为十字线？

方法是：比较近期的线形。如果十字线前后几个交易日是实体很小的线形，那么十字线的线形将没有什么特殊的意义，因为这种情况下的十字线只能看成是前期行情的延续，而不是变盘的征兆。

3. 升势中的十字线

在明确的上升趋势中，如果十字线发生在一根长阳线之后，投资者要特别警惕，因为不论十字线位于长阳线实体之上或位于长阳线实体之内，均表明市场买卖双方的力量已经发生了变化。

在先前升势中的长阳线，多头完全居于主导地位。当十字线出现后，多头已经不能再向上驱动行情了。十字线的顶端经常代表压力和阶段性头部的形成。

当十字线发生在上升趋势中，随后的收盘价穿越十字线的高价，则表明市场已经重整旗鼓，价格随后继续挺进，应该视为多头的信号。因为市场在稍做犹豫之后，股价将持续上升。如下图所示中的1号十字线。

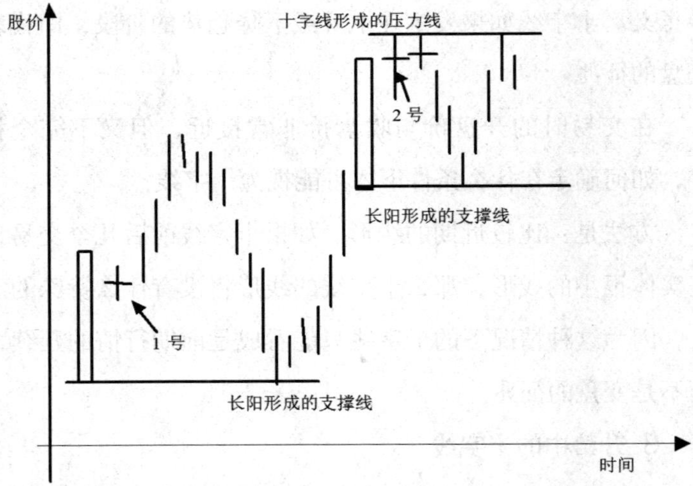

长阳线之后的十字线

升势之后的十字线虽然代表趋势可能反转，但还是等待空头的确认信号。如果以十字线为卖出信号，应该视十字线为压力，如上页图中的2号十字线；如果十字线为卖出信号

（数根十字线也是以十字线来处理），应该在其十字线的高价设定卖出点。

4. 跌势中的十字线

在明确的下降趋势中，如果十字线发生在一根长阴线之后，投资者需要特别警惕。不论十字线位于长阴线实体之上或之内，都代表市场的力量已经发生变化。

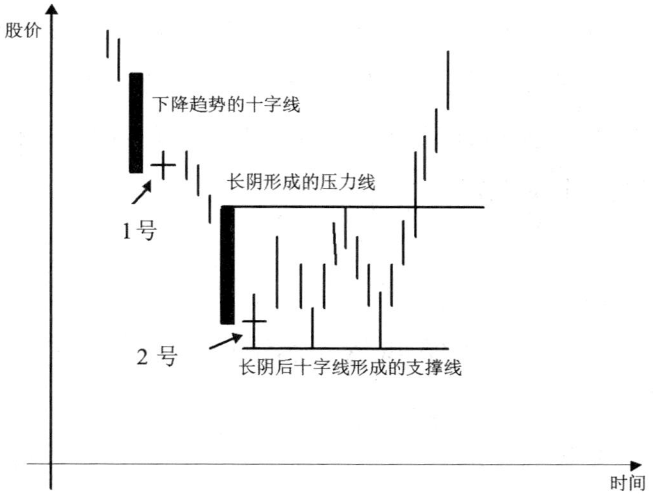

长阴线之后的十字线

在先前跌势中出现的长阴线，空头完全居于主导地位。当十字线出现之后，表明空头已经不能再向下驱动行情。因为十字线的底端通常代表支撑线。但是，稍后价格如果穿越十字线的底端，说明下降趋势可以继续发展，这时的十字线只是中途的整理信号，此时十字线无特殊意义。如上图所示。

十字线发生在大幅的升势之后，可能代表顶部。然而，十字线如果发生在行情的起涨阶段，形成顶部的机会不大。长阴线之后出现的十字线，在大幅下跌之后，十字线可能代表底部信号。

下跌行情之初，十字线可能没有特殊的意义，形成底部的机会也不大，如上图中的1号十字线。但在超买或超卖的情况下，十字线可能是重要的反转信号，如上图中的2号十字线是一个底部支撑线。

第四节　纺锤线

1. 纺锤线的辨别

前面已经讨论了长阳线与长阴线所代表的意义。长阳线代表多头控制交易过程，长阴线则由空头起主导作用。如果实体的长度很小，上下影线很长，多空双方正处于拉锯战中，多空的力量大致维持均衡。

这种实体很小的线形称为纺锤线，代表股票缺乏上升或下降的力量，表明市场正在休息或正在调整之中。

下图表示了纺锤线的形态，它们有很长的上影线或下影线，但实体的部分却很短。

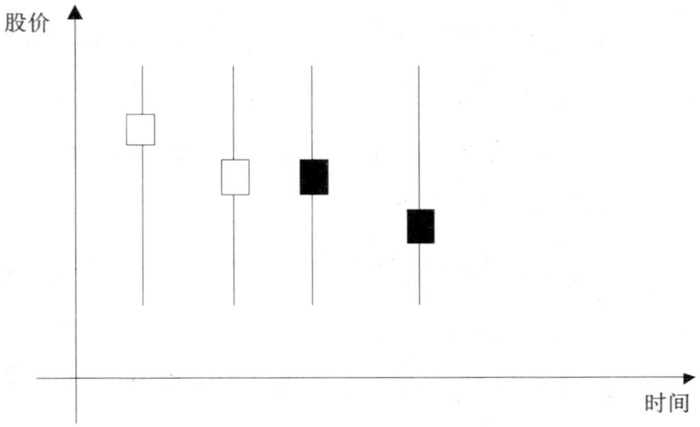

纺锤线形态

2. 纺锤线的指导意义

纺锤线是一种预警信号，表明市场正在丧失方向。

如果纺锤线发生在股价高位附近，在急涨的走势之后，表示多头已经后续乏力，先前的升势可能因此停顿。

如果纺锤线发生在股价低位附近，在急跌的走势之后，表示空头已经无下跌动力，先前的跌势可能因此停顿。

3. 纺锤线结合成交量一起分析

K 线图最重要的优点之一是可以与其他的技术分析方法

一起使用，能非常形象地说明股市所发生的一切。如果把单一纺锤线与成交量一起使用，就能判断市场的内部运作，发现庄家是在收集筹码还是在派发筹码。

收集筹码与派发筹码是价量关系中两个重要的概念。

（1）收集筹码发生在低价区，成交量放大而价格停滞。如成交量放大，则代表买方不断买进筹码，投入所有的资金。但是，停滞的价格显示空头无法压低价格，空头所投入的筹码已被多头承接，结果是一波的升势。

（2）派发筹码与收集筹码正好相反，出货发生在高价区，成交量放大而价格停滞不动。在这种盘势中，庄家正将手中的筹码转交给其他买盘。由于卖方供给的筹码足以应付买盘的需求，所以价格无法挺进。因此，在高价区出货应该视为顶部信号，结果是一波跌势。

在收集与派发的盘势中，有一个共同的特征。即价格几乎停滞不动。这时的纺锤线便是这种情况下的标准线形（开盘价与收盘价非常接近）。所以，在高价区纺锤线出现时，只要观察成交量的变化，就可以判断是否在派发筹码；同理，在低价区纺锤线出现时，只要观察成交量的变化，就可以判断是否在收集筹码。

另外，纺锤线无论是出现阴实体或阳实体，它们所代表的意义都是一样的。

第五节　锤头线与上吊线

1. 锤头线与上吊线的辨别

锤头线和上吊线，其样子是完全一样的，它们都有一个很小的实体，没有上影线或者上影线很短，但有一个很长的下影线。如下图所示。

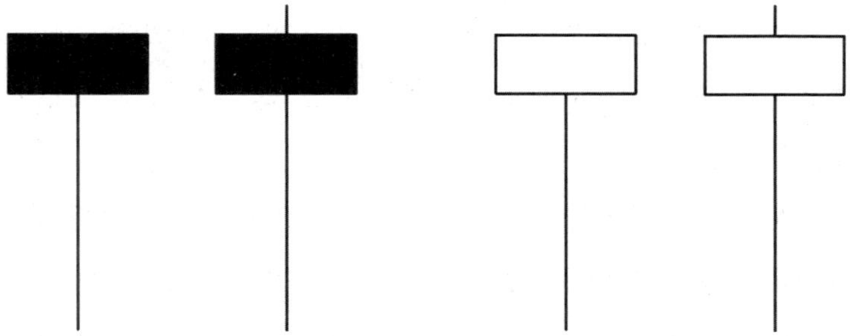

阴体锤头线和上吊线　　　　阳体锤头线和上吊线

这个线形代表的含义比较复杂，它的长长的下影线代表着多头的力量，但是不能直接认定是多头或者空头。它可以代表多头，也可以代表空头，完全取决于它在趋势中的位置。

如果发生在下降趋势中的低位，便是代表多头力量大的锤头线；如果它发生在上升趋势中的高位，则是空头力量大的上吊线。

换言之，锤头线只会出现在跌势中的低位，是进场买进的信号；上吊线只会出现在涨势中的高位，是卖出离场的信号。

2. 锤头线的指导意义

锤头线是一个重要的反转信号，尤其是大幅下跌之后或严重超卖情况下的锤头线更有意义，表明行情的反转就在眼前。如果没有出现大幅下跌，而是连续两三天的小幅下跌走势之后出现锤头线，通常没有特殊的意义，行情反转的信号意义很弱。

另外，由锤头所发动的反弹很可能遭卖压，所以涨势经常拉回，重新试探锤子的底部。当股价遭卖压后回落时，锤头线的下影线处的低价处形成一道支撑线，如未有效跌破这道支撑线，股价探底回升的概率加大，形成所谓的“W”形底。如下图所示。

如何根据锤头进行投资，取决于投资者的心态与风险的控制。

如投资者决定在锤子出现之后立即买进，必须重新试探锤子的底部。如果希望价格拉回，完成试探之后再进场，其方法是：当锤头出现时，以小量进行交易，如果价格拉回并成功完成探底，再加码买进。

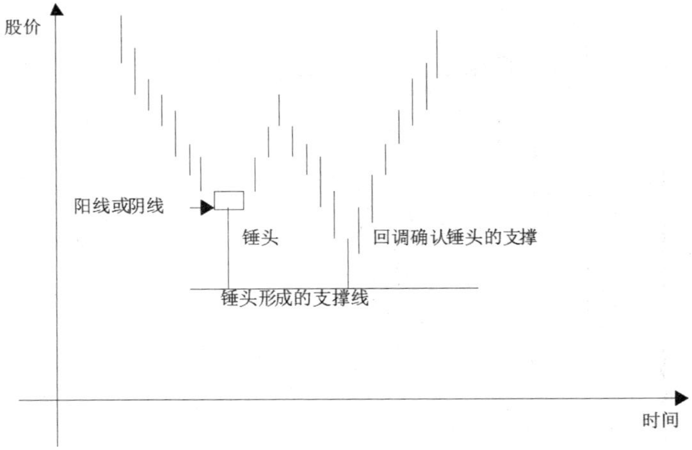

锤头线的指导意义

3. 上吊线的指导意义

在下页图的线形中，长长的下影线代表买进的意愿，因此被视为多头的信号。但是，高位的这种形态——上吊线的形态——出现后，价格开始下跌的概率很大，因为上吊线代表了这时多头的力量相当脆弱。

上吊线的小实体部分亦代表先前的涨势可能在变化之中。由于上吊当天具有多头的意味，所以投资者必须经过日后空头的确认。确认方法是观察隔天的收盘价是否低于“上吊”的实体，如果价格跌到上吊线实体的下方，这条K线就可确认是“上吊线”。

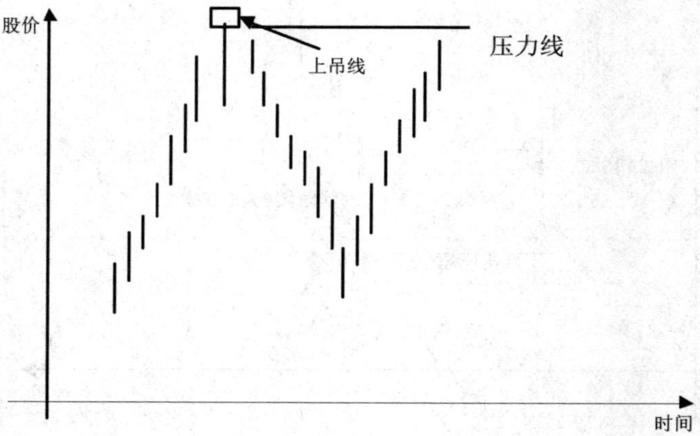

上吊线

西仪股份（002265）2016年11月7日，在高价区拉出了一根带有长下影线的上吊线，发出了股价见顶的信号，后市可能有强势调整。果然，次日开始该股一路走跌，一个月后，股价已经从28.98元跌至18.60元。

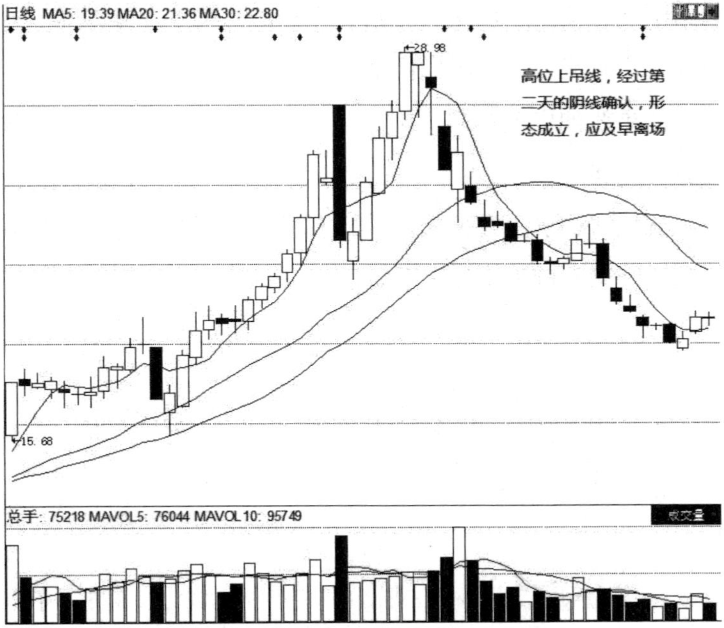

西仪股份走势图

第六节　流星线

流星线与上吊线和锤头线的形态形成对照，前者是上影线很长，后者是下影线很长。

流星线是一根上影线很长的线形，实体很小而位于上影线的下端，流星线的上影线具有空头的意义。上影线很长，代表空头有能力大幅压低价格。

流星线如出现在高价位，又有成交量配合，大多是庄家的派货走势。

流星线如发生在低价位，又有成交量配合，则是庄家强行收购筹码的行为。如下图所示。

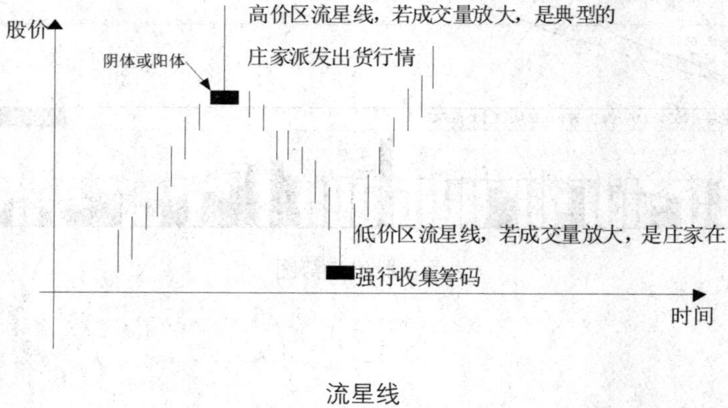

流星线

下图是上海江西纸业（600053）1999年12月至2000年6月的日K线和成交量的走势图。在图中，我们可以看到上升趋势中流星线出现所代表的意义。股价的上升趋势中有A、B、C三处出现流星线，流星线的第二天都有一根阴线出现。为什么B和C不是头部信号，而选择A为头部信号？

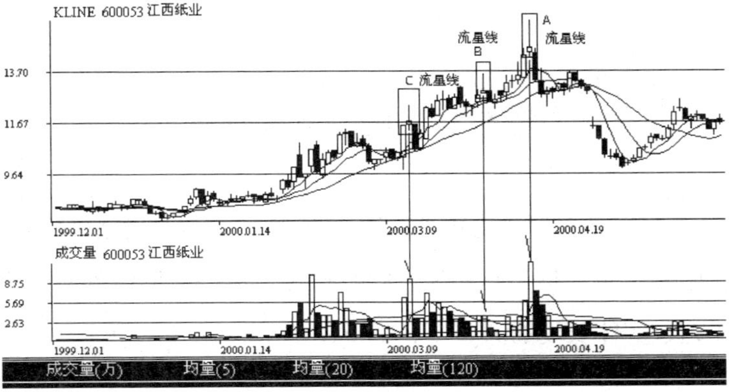

上升趋势中出现流星线的实战案例

这是因为C处的流星线是在拉升初期，该流星线的出现是由于庄家强行吸进筹码，不让当天股价超过前期头部。而第二天出现抛盘，是一部分人中了庄家流星的空头陷阱而出货形成了一根长阴线。这些出货人误认为庄家在出货，而事实是庄家正在进货，因而C处不是头部的流星线走势。B处的流星线接近拉升后期，但没有成交量的配合，第二天的阴线短，成交量小，因而B处也不是头部的流星线走势。图中A处的流星线是在拉升后期，出现流星线的当日成交量放出天量，股价达到天价。第二天出现一根放量长阴，这是标准的头部流星走势，趋势要发生反转。因此，A处的流星线才是顶部信号。

第七节　乌云密布形态

“乌云密布”是由两根K线所构成，第一根是强劲的长阳线，第二根是长阴线，收盘价深入第一根阳线的实体内（超过实体长度的50%），如下图所示。

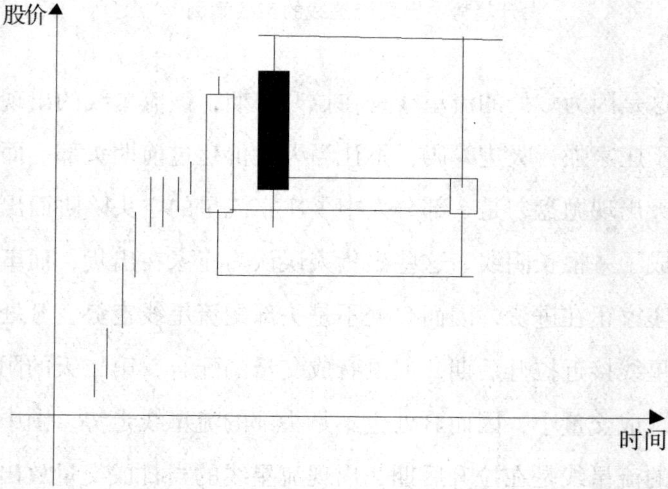

“乌云密布”

“乌云密布”代表上升动能被第二根阴线所冲散，上涨的走势蒙上一层乌云，它发生在股价的高位，是行情反转的预警信号。

一个理想的“乌云密布”，第二根阴线的开盘价（向上跳空高开）应该高于第一根阳线的最高价，第二根阴线的收盘价应深入第一根阳线的实体一半以上。如果深入程度未超过一半，属于不完整的形态，应该再观察第三天的收盘价作为确认信号。一般来说，第二根阴线收盘价进入第一根阳线实体的程度越深，形态越具有空头意义。

从组合线形来分析，这是带长上影线和下影线空头气氛很浓的纺锤线形，行情很可能反转，上影线越长空头气氛越浓。

非理想的“乌云密布”，一定要用第三根线的收盘价确认。

第八节　雨过天晴形态

“雨过天晴”与“乌云密布”恰好相反，是在下降趋势中由一根顺势长阴线与另一根长阳线所构成，长阳线的收盘价深入长阴线的实体内。“雨过天晴”可显示低位的强劲买盘。由于“乌云密布”的出现，股价下降，犹如倾盆大雨，而倾盆大雨后又将是“雨过天晴”。

一个理想的“雨过天晴”应该是：第二根阳线的开盘价（向下跳空低开）应该低于第一根阴线的最低价，第二根阳线的收盘价要能够深入第一根阴线实体的一半以上。第二根阳线深入第一根阴线的程度越深，所代表的底部反转意义越明确。如果深入的程度不够深，则代表多头的反攻还不够强劲。

一个非理想的“雨过天晴”需要第三根线的收盘价来证实。

如下图所示，“雨过天晴”的组合线形可看出：下影线特别长，实体很长。说明多头气氛很强，下降动力已经耗尽。

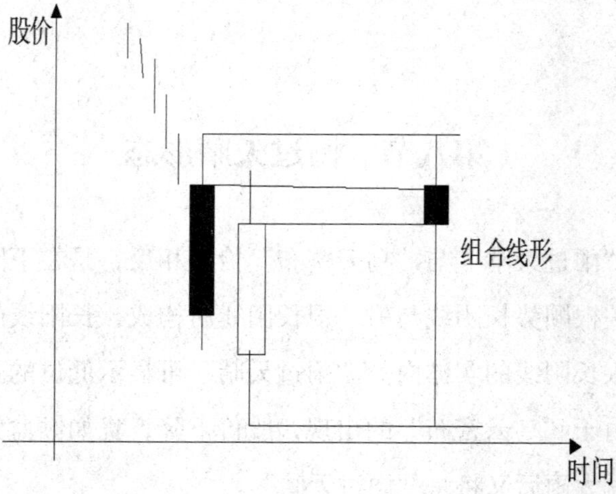

“雨过天晴”组合线形示意图

四川圣达（000835）2007年6月13日，股价在18.40元见顶后便勾头向下，至07.04日收盘价12.45元，已下跌了32%，07.05至07.06日，日线图上出现了雨过天晴形态，股价随后雄起，由10.09元拉升至21.24元，升幅达到了110%。

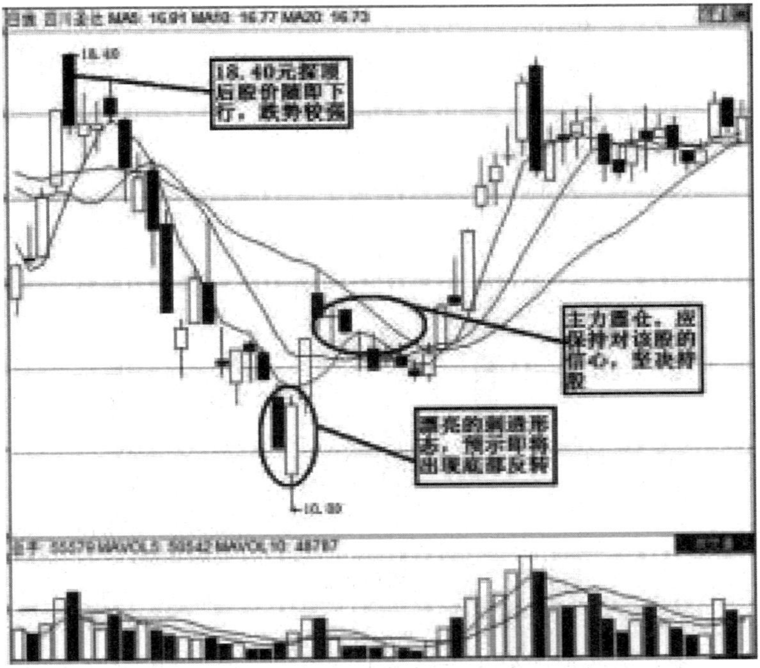

四川圣达

第九节　多头吞吃形态

多头吞吃形态是由阴阳两根线形构成，第二根阳线的实体吃掉第一根阴线的实体，如下图所示。

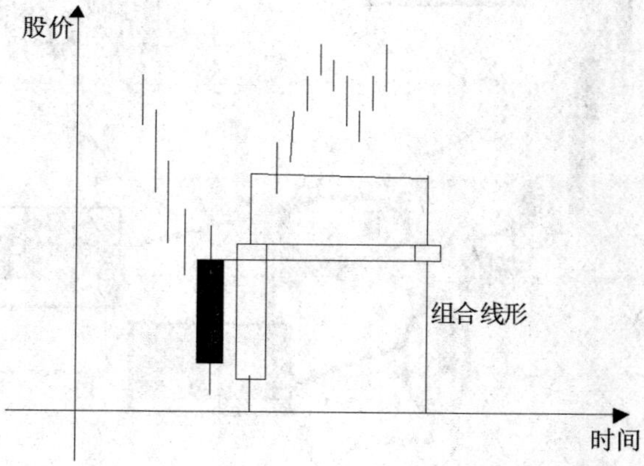

多头吞吃形态

多头吞吃形态发生在股价下跌中，一根长阳线完全吃掉了一根长阴线。

如果多头吞吃发生在下降走势中，那么其组合线形态所表现的多头强度要大于“雨过天晴”的形态。因为其组合线形的下影线长度一般要比“雨过天晴”的组合线形的下影线长，组合线形的实体是阳线。

第十节　空头吞吃形态

空头吞吃形态发生在上升走势中，第二根阴线的实体吃掉第一根阳线的实体。在下页图中，空头吞吃形态的组合线形是一根带长上影线的大阴实体，它的空头气氛浓于“乌云密布”形态。

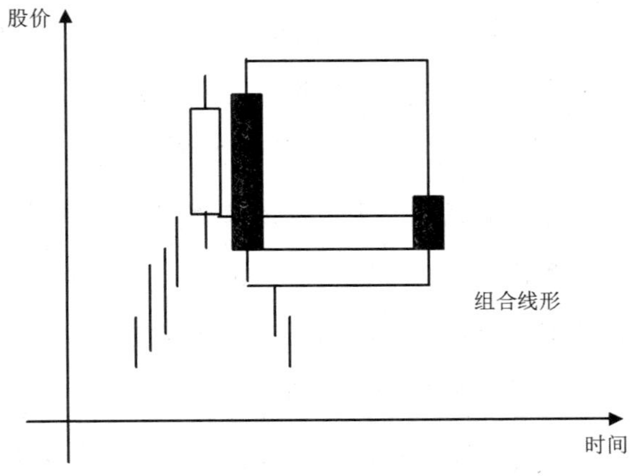

空头吞吃形态

吞吃形态显示空头力量稍大，表明空头由多头的手中夺回了主控权。

在空头吞吃中，空头以压倒性的优势制服多头。在前面讨论的“乌云密布”排列中。

空头的气势可以由第二根阴线深入第一根阳线实体的程度来反映。但在空头吞吃中，空头所驱动的第二根阴线完全吃掉第一根阳线的实体，显示出空头的气势很浓。

相同的概念也适用于“雨过天晴”和多头吞吃之间。在“雨过天晴”形态中，多头所驱动的反攻只深入前一根阴线实体的一半左右。

我们还可以根据形态所发生的位置来判断形态的效力。如一个发生在支撑区的“雨过天晴”与一个没有在支撑区的多头吞吃，前者可能是更有效的底部反转信号。所以，在判断形态的效力时，应该由整体技术面来考虑。

理想的吞吃形态是第一根线形的实体很短，第二根线形的实体很长，而且第二根线形的实体完全吃掉第一根线形（包括其影线在内）。

非理想的吞吃形态应由第三根线的收盘价来确认。

下图是深圳中集集团（000039）1997年3月至1998年11月的周K线和成交量走势图，这是空头吞吃和多头吞吃的典型案例。

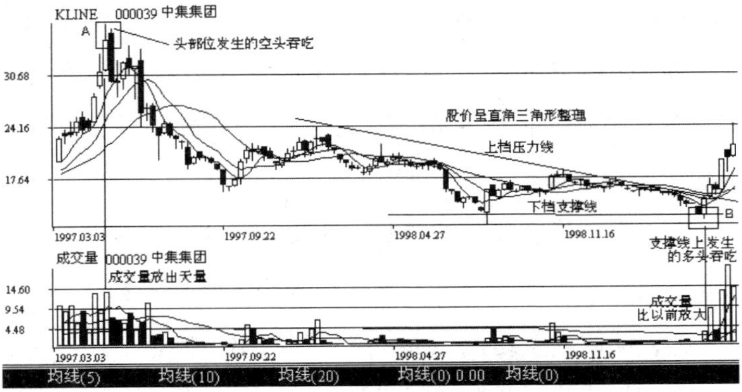

空头吞吃和多头吞吃的案例

A 处是两根周阴阳线走出了理想的空头吞吃的组合形态。该组合形态发生在高价区，成交量放出天量，空头吞吃后，头部形成，趋势反转，股价下降。

B 处是两根周阴阳线在股价底部走出了理想的多头吞吃的组合形态。该组合形态发生在直角三角形整理的下档支撑线上，成交量比前期放大，多头吞吃后，趋势反转，股价上升。

第十一节　蛇吞象

“蛇吞象”是由两根长短线形所构成。第一根线形的实体很长，第二根线形的实体很短，而且小实体完全处在长实体之内。换言之，这两根线形的先后顺序与吞吃相反，吞吃是长实体吃掉前一个小实体，而蛇吞象是小实体吞吃一个长实体。

因长实体代表原来的趋势，小实体的出现改变了原来的趋势。在现实生活中用蛇吞象来形容小的吃掉大的，小个打败大个，就像一条蛇把一头大象吞到肚里一样。

第一根线应是长阳线或者长阴线，第二根线的小实体可以是阳线、阴线或十字线。

在下跌趋势中，蛇吞象代表下跌的力量已经耗尽了；在上升趋势中，蛇吞象代表涨势难以继续下去。

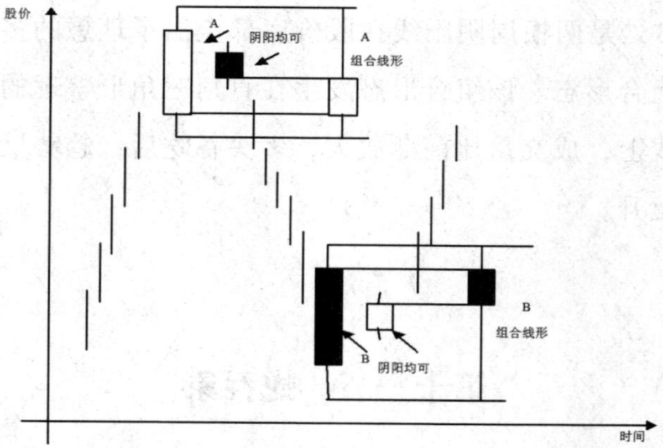

蛇吞象形态示意图

如上图所示，B处是上升趋势的蛇吞象形态。线形的颜色不是蛇吞象排列的必要条件，在下降趋势中，象阳蛇阴、象阴蛇阴、象阴蛇阳和象阳蛇阳的排列均可。其中象阳蛇阳的多头气势强过其他排列，这是因为长阳线本身更有多头意义。所以象是由长阳线所构成，表明跌势已经告一段落，上升趋势即将开始。

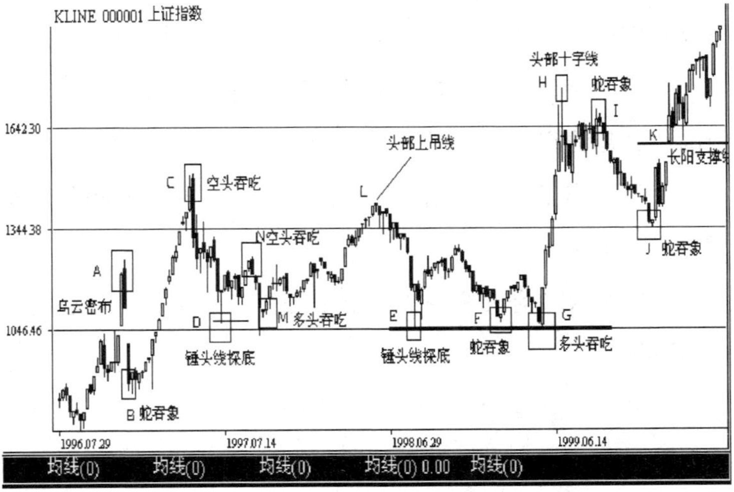

蛇吞象和其他形态举例

同样的道理也适用于下降趋势中的蛇吞象。如上页图中A处所示，在上升趋势中，象阳蛇阴、象阴蛇阴、象阴蛇阳和象阳蛇阳均可，其中象阴蛇阴的空头意义将强过长阳线所形成的蛇吞象。这是因为长阴线本身是空头线形，它可能代表升势已经告一段落，下降趋势即将开始。

上页图是上证指数（000001）1996年7月至1999年6月的周K线和成交量走势图，是蛇吞象和其他形态的综合分析和学习案例。

B处、F处和J处都走出蛇吞象的走势。由于小实体是在长实体底端，因此，这种排列称为低位蛇吞象。这三个蛇吞象发生在股指底部。蛇吞象后，趋势反转，股指上升。

I处也走出了一个蛇吞象的形态。它发生在股价上升趋势高位，趋势将反转，股指下降。

A处走出了“乌云密布”的形态。在“乌云密布”形态后，股指下降。

C处和N处是两个空头吞吃形态。在空头吞吃形态后，股指下降。

D处和E处是两个底部锤头线探底。在探底后，股指开始上升。

G处是多头吞吃形态。在多头吞吃形态后，股指上升。

L处是头部上吊线。经过头部上吊线后，股指下降。

H处是头部十字线。经过头部十字线后，股指调整。

K处是放量长阳形成的下档支撑线。

K线分析的研究者们经过长期的实盘分析后，发现在蛇吞象形态中，第二个线形可能影响整体的效力。

（1）如果第二个小实体位于第一个长实体的中央，可以增加蛇吞象的反转可能性。在上升趋势中，如果第二个小实体位在第一个长实体的上端，随后可能产生横向整理走势，而非下跌的走势。这种排列称为高位蛇吞象。

（2）在下降趋势中，如果第二个小实体位于第一个长实体的下端，随后可能产生横向而非上涨的走势。这种排列称为低位蛇吞象。

（3）如果第二根线形（包括影线在内）完全处于第一根线形的实体范围内，价格反转的气势比较强。

（4）第二根线形的影线越短，实体越小，蛇吞象形态的信号越明确。如果第二根线形是十字线（称为蛇十字），反转的可能性更高（类似长阳和长阴后的十字形态）。

（5）在上升趋势中，蛇吞象排列一旦被穿越，则代表多头的持续信号。同样，在下降趋势中，蛇吞象的低点被跌破，则代表价格将持续下跌。

第十二节　缺口形态

在两根K线组合中，如果第二根K线与第一根K线的交易价格是不连续的，就构成了一个K线缺口，换言之，缺口是价格K线走势图中没有交易的价格区间形成。缺口是一种非常重要的K线形态。

缺口有向上跳空缺口和向下跳空缺口两种。如果第二根K线的最低价高于第一根K线的最高价，就形成向上跳空缺口；如果第二根K线的最高价低于第一根K线的最低价，就形成向下跳空缺口。

当以缺口作为支撑或压力时，必须了解一种常见现象，即价格可能暂时跌破上升缺口的底部或暂时穿越下降缺口的顶部，然后再恢复先前的走势。这个过程被称为"弥补缺口"。请参考下页图。

在日K线走势中，如果收盘价格弥补缺口，则先前的趋势应该结束。例如，在13～14元之间存在一个向上跳空缺口，而随后的价格收在缺口的底部14元以下，先前的上升趋势应该被视为结束；反之，如果在21～23元之间存在一个下降缺口，而多头随后将收盘价格拉至23元以上，先前的下降趋势应该视为结束。但如果盘中价格封闭缺口，则不可视为趋势结束的信号，应等待收盘价的确认。

同样，在周K线图中，应该根据周五的收盘价来确认缺口是否被弥补。如果以收盘价来确认，可能涉及一定的风险。因为当确认缺口被弥补时，市场走势可能已经发生好几天了。

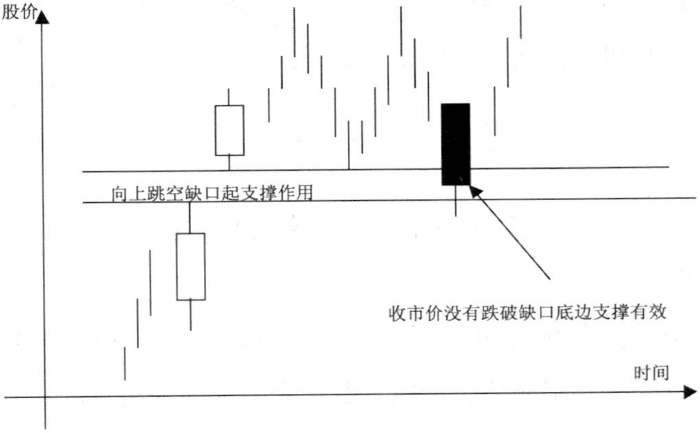

向上跳空缺口支撑示意图

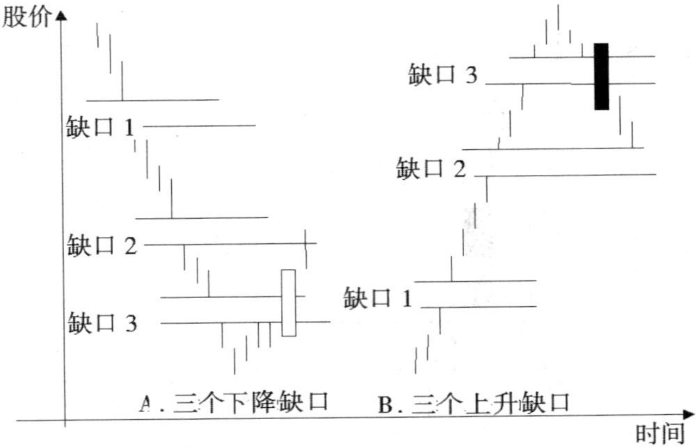

向下、向上跳空缺口压力线示意图

缺口在实际走势中经常出现，但缺口的性质是不相同的。缺口可分为功能性缺口和普通缺口。

第十三节　黄昏星形态

黄昏星是由三根线形构成。黄昏星如出现在上升趋势中，首先是一根顺势长阳线，其次是一根向上跳空的小实体线形，颜色不拘，阴阳均可。最后是实体向下跳空的长阴线，收盘价深入第一根阳线的实体之内。如果第二根线形是十字线，形态便是黄昏十字星。如下图所示。

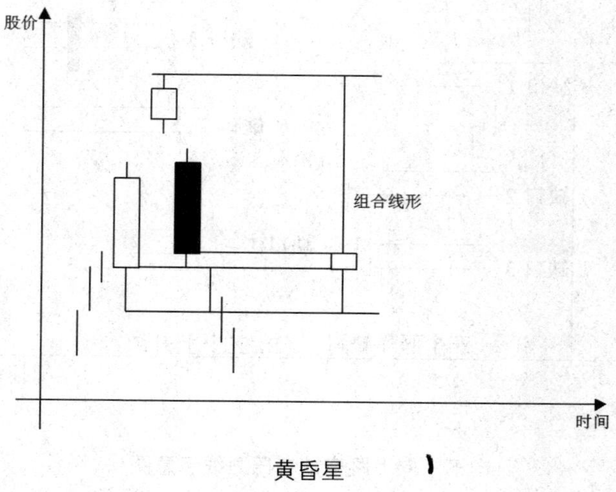

黄昏星

黄昏星组合线形的上影线越长，它的空头气氛越浓，反转的可能性就越大。

当第三根线的阴体部分超过阳体，组合线形变为阴体，空头控制了全局。实体越大，空头越强。

把三天的成交量加在一起就可计算出换手率。换手率越高，庄家出货的可能性就越大。

在这个排列中，务必等待第三根长阴线的确认。因为在前两根线形完成时，我们只知道先前的涨势已经转变为多空僵持局面，唯有第三根长阴线出现，才能确认空头已经掌握大局。

很多股票的走势证明：黄昏星的组合线形是一根纺锤线，当它出现在股价高位时是庄家为了派货而设置的多头陷阱。

第十四节　晨星形态

下图是典型的晨星排列。第二根线形的实体与前后的实体之间都存在缺口。以组合线形来看，第三根线形的收盘价越深入第一根黑线实体的内部，组合线形的下影线就越长，多头形态的气势也就越浓。

晨星组合线形的下影线越长，它的多头气氛就越浓，反转的可能性越大。

当第三根线的阳线实体超过第一根阴线实体，组合线形变为阳体（图形第二组），说明多头控制了全局。实体越大，多头气氛越强。

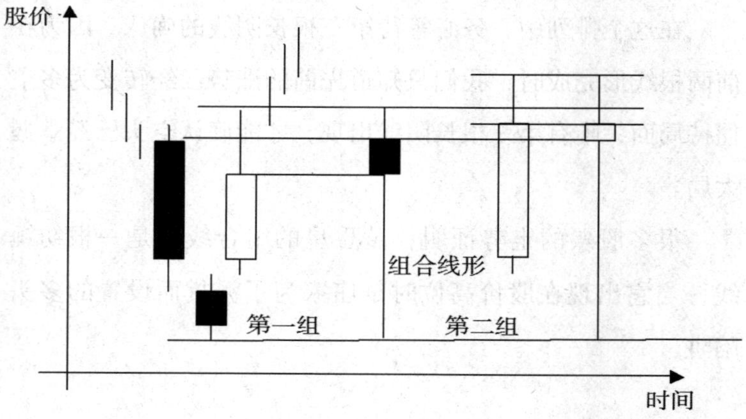

晨星

在这个排列中，务必等待第三根长阳线的确认。这是因为在前两根线形完成时，我们只知道先前的跌势已经转变为多空僵持的局面。唯有第三根长阳线出现后，我们才能确认多头已经掌握了大局。

第十五节　红三兵

红三兵的标准图形是由三根实体短小的阳线组成。这种图形通常发生在行情的启动阶段，每日成交量温和放大。如下图所示。

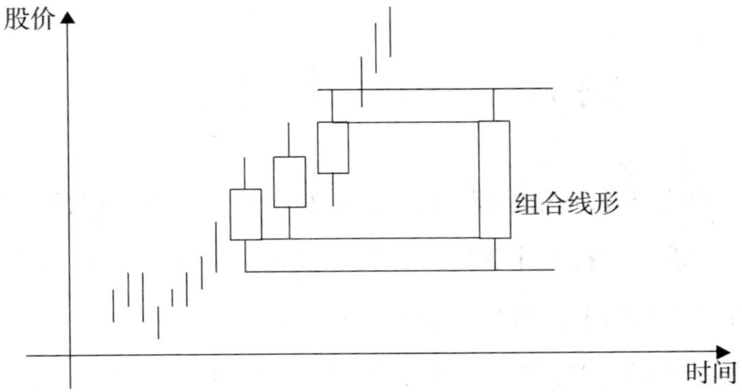

红三兵

在行情启动走势中，常出现第一根小阳，成交量温和放大；第二根是实体很小的阳线。成交量持平或温和放大；第三根是小长阳线。成交量持平或反而减小，第四天起一定有上升行情。

红三兵组合线形的下影线越长，它的多头气氛就越浓。

红三兵组合线形在中阳和长阳之间。多头控制了全局，实体越强，多头气氛越浓。

红三兵组合线形出现在启动行情的红三兵排列才能有效。如果在上升行情后期出现，很可能是庄家设置的派货多头陷阱。

第十六节　上升三部曲形态

标准的上升三部曲图形是由五根线形组成，第一根是长阳，紧接着是三根短小的阴体，第五根又是长阳。上升三部曲常发生在行情上升途中。如下页图所示。

在上升走势中，出现一根长阳体；长阳体后面出现“黑三鸦”，这是上升途中调整和换手所致，是一个“假”黑三鸦；黑三鸦后又出现一根长阳。

上升三部曲组合线形的下影线越长，多头气氛越浓，实体越长，多头就越强。

五日的换手率越高，后市的上升行情就越强。

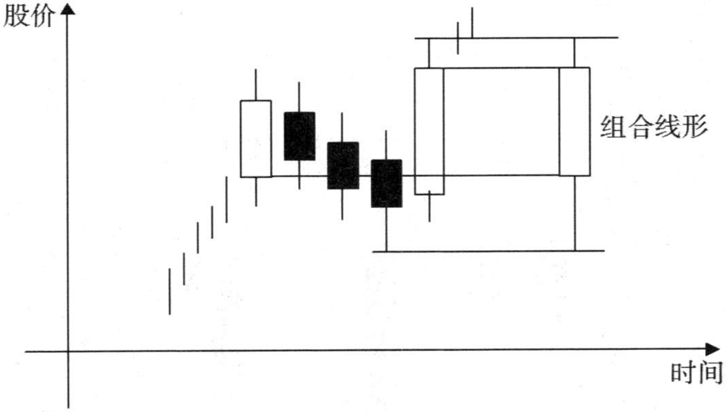

上升三部曲

第十七节　下降三部曲形态

标准的下降三部曲图形是由五根线形组成。第一根是长阴，紧接着三根短小的阳体，第五根又是长阴。下降三部曲常发生在行情下降中途。如下图所示。

在下降走势中，出现一根长阴体；长阴体后面出现红三兵，这是下降途中派发和换手所致；红三兵后又出现一根长阴。

下降三部曲组合线形的上影线越长，空头气氛越浓，实体越长，空头越强。

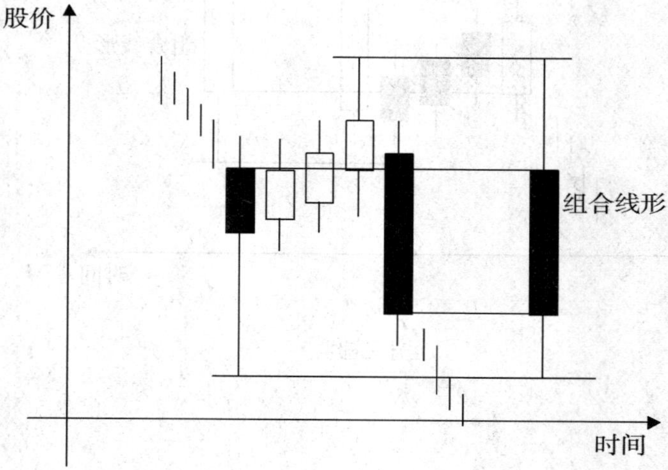

下降三部曲

下降三部曲形态常发生在庄家派发股票初期和中期。下降三部曲是庄家的多头陷阱。在下降途中出现阳线，一些投资者会误认为是另一轮行情开始，而实际上是庄家拉高出货。这时买进股票的人，都掉进了庄家的多头陷阱。

第六章

低买高卖有技巧，找准买卖点才是赢家

——快速掌握6大常用技术指标

第一节　MACD 指标的买卖铁律

MACD指数平滑异同移动平均线指标不仅适合中长期趋势分析，而且也是最有效、最常用的逃顶方法。在实际投资中，MACD指标不但具备抄底、捕捉极强势上涨点（MACD连续二次翻红买入）、捕捉“洗盘结束点”（上下背离买入）的功能，而且还能帮助你捕捉到最佳卖点，帮你成功逃顶，使你尽享丰收后的振奋感觉。

在现有的软件中，MACD常用参数是快速平滑移动平均线为12，慢速平滑移动平均线参数为26。此外，MACD还有一个辅助指标——柱状线（BAR）。

DIF（白线）：收盘价的短期和长期两条指数平滑移动平均线间的差值。

DEA （黄线）：DIF线的m日指数平滑移动平均线，m=天数。

MACD（彩色柱状线）:MACD数值大小等于DIF和DEA

差的2倍，当正数时，出现红色柱状线，是比较明显的买入信号；当负数时，出现绿色柱状线，则是卖出信号。

参数：SHORT（短期）、LONG（长期）、M天数，一般为12、26、9。

DIF和DEA的值及线的位置

1. 当DIF和DEA均大于0（即在图形上表示为它们处于零轴以上）并向上移动时，一般表示为股市处于多头行情中，可以买入或持股；

2. 当DIF和DEA均小于0（即在图形上表示为它们处于零轴以下）并向下移动时，一般表示为股市处于空头行情中，可以卖出股票或观望。

3. 当DIF和DEA均大于0（即在图形上表示为它们处于零轴以上）但都向下移动时，一般表示为股票行情处于退潮阶段，股票将下跌，可以卖出股票和观望；

4. 当DIF和DEA均小于0时（即在图形上表示为它们处于零轴以下）但向上移动时，一般表示为行情即将启动，股票将上涨，可以买进股票或持股待涨。

DIF和DEA的交叉情况

1. 当DIF与DEA都在零轴以上，而DIF向上突破DEA时，表明股市处于一种强势之中，股价将再次上涨，可以加码买进股票或持股待涨，这就是DEA指标“黄金交叉”

的一种形式。

2. 当DIF和DEA都在零轴以下，而DIF向上突破DEA时，表明股市即将转强，股价跌势已尽将止跌朝上，可以开始买进股票或持股，这是DEA指标“黄金交叉”的另一种形式。

3. 当DIF与DEA都在零轴以上，而DIF却向下突破DEA时，表明股市即将由强势转为弱势，股价将大跌，这时应卖出大部分股票而不能买股票，这就是DEA指标的“死亡交叉”的一种形式。

4. 当DIF和DEA都在零轴以上，而DIF向下突破DEA时，表明股市将再次进入极度弱市中，股价还将下跌，可以再卖出股票或观望，这是DEA指标“死亡交叉”的另一种形式。

DEA指标中的柱状图分析

一般来说，股市电脑分析软件中通常采用DIF值减DEA值而绘制成柱状图，用红柱状和绿柱状表示，红柱表示正值，绿柱表示负值。用红绿柱状来分析行情，既直观明了又实用可靠。

1. 当红柱状持续放大时，表明股市处于牛市行情中，股价将继续上涨，这时应持股待涨或短线买入股票，直到红柱无法再放大时才考虑卖出。

2. 当绿柱状持续放大时，表明股市处于熊市行情之中，股价将继续下跌，这时应持币观望或卖出股票，直到绿柱开始缩小时才可以考虑少量买入股票。

3. 当红柱状开始缩小时，表明股市牛市即将结束（或要进入调整期），股价将大幅下跌，这时应卖出大部分股票而不能买入股票。

4. 当绿柱状开始收缩时，表明股市的大跌行情即将结束，股价将止跌向上（或进入盘整），这时可以少量进行长期战略建仓而不要轻易卖出股票。

5. 当红柱开始消失、绿柱开始放出时，这是股市转市信号之一，表明股市的上涨行情（或高位盘整行情）即将结束，股价将开始加速下跌，这时应开始卖出大部分股票而不能买入股票。

6. 当绿柱开始消失、红柱开始放出时，这也是股市转市信号之一，表明股市的下跌行情（或低位盘整）已经结束，股价将开始加速上升，这时应开始加码买入股票或持股待涨。

对于技术指标不能孤立地去分析，如果仅根据以上原则来指导实际操作，准确性并不能令人满意。投资者应综合运用5日、10日均价线，5日、10日均量线和MACD指标，其准确性才能大大提高。

接下来，我们再看几个MACD指标常见的形态。

1.顶背离

当股价的高点比前一次的高点高，而MACD指标的高点比指标的前一次高点低，这就叫顶背离现象。DIF或DEA在高位或低位，往往出现与股价走势背离。当股价的高点比前一次的高点要高，DIF或DEA处在高位并开始向下走势，此时股价还在继续上涨，为顶背离。顶背离现象一般是股价在高位即将反转转势的信号，表明股价短期内即将下跌，是卖出股票的信号。

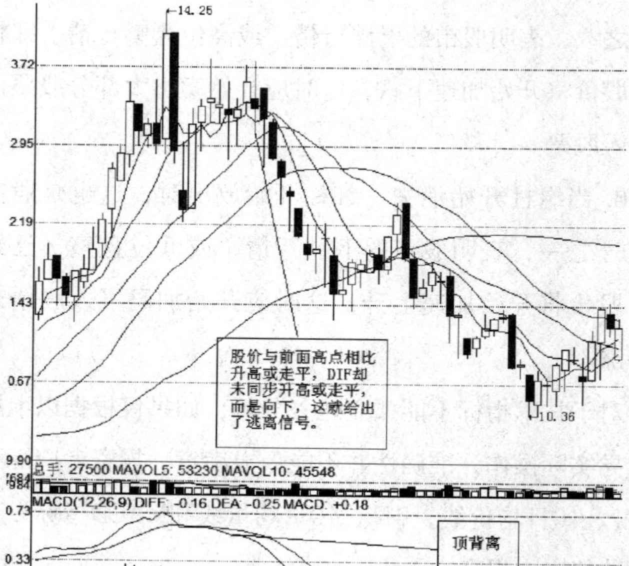

MACD指标顶背离图解

2.底背离

当股价的低点比前一次低点低，而指标的低点却比前一次的低点高，这叫底背离现象。底背离现象一般是预示股价在低位可能反转向上的信号，表明股价短期内可能反弹向上，是短期买入股票的信号。在实战中，MACD指标的背离一般出现在强势行情中比较可靠，股价在高价区时，通常只要出现一次顶背离的形态，即可确认为股价即将反转向下；而股价在低价区，一般要反复出现几次底背离后才能确认底部形成，因此MACD指标研判顶背离的准确性要高于底背离，这点投资者要加以留意。

3.黄金交叉形态

黄金交叉的出现，通常意味着将有一波涨升行情可期，对多头而言往往代表一个强烈的买进信号。

零值线0值线以下的弱势“黄金交叉”

当DIF线和DEA线处在远离0值线以下区域运行并且向下运行很长一段时间后，当DIF线开始进行横向运行或慢慢掉头向上靠近DEA线时，如果DIF线接着向上突破DEA线，这是MACD指标的第一种“黄金交叉”。

它表示股价经过很长一段时间的下跌，并在低位整理后，经过一轮比较大的跌势后、股价将开始反弹，是短线买入信号。对于这一种“黄金交叉”，只是预示着反弹行情可能出现，并不表示该股的下跌趋势已经彻底结束，股价还有可能出现短暂的反弹行情之后股价重新下跌的情况，因此，应谨慎对待，在设置好止损价位的前提下，少量买入做短线反弹行情。

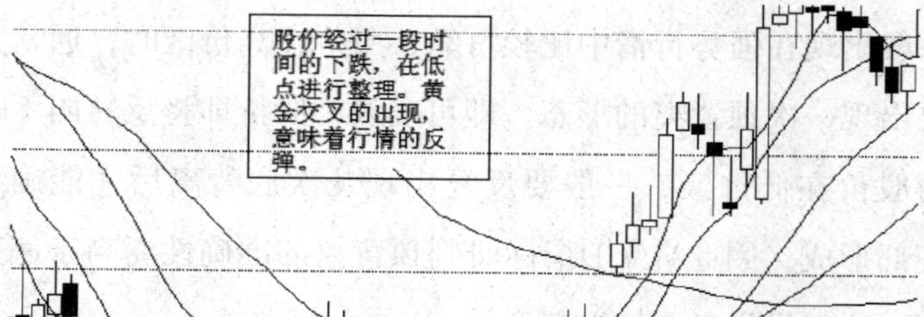

MACD黄金交叉

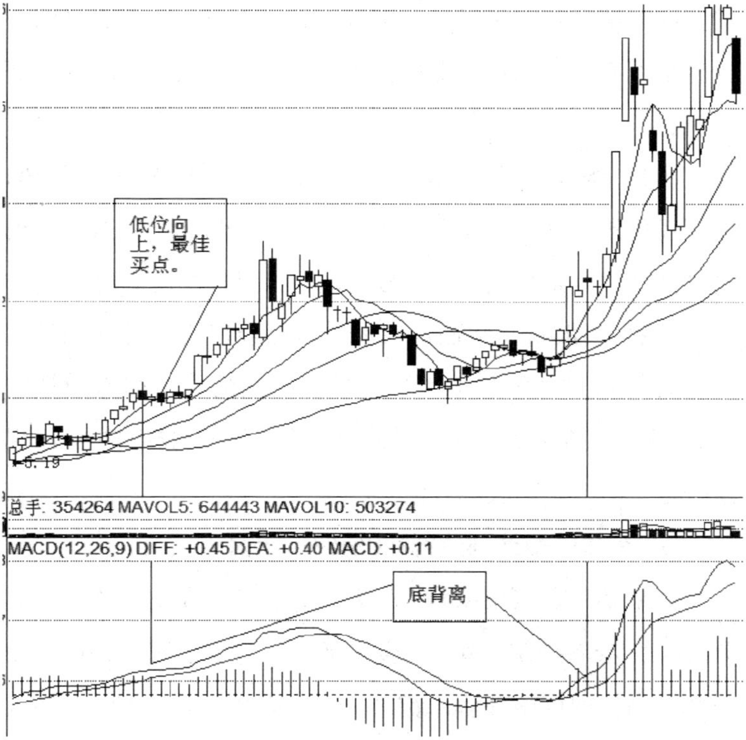

MACD指标底背离图解

0值线附近的强势“黄金交叉”

当DIF线和DEA线都运行在0值线附近区域时，如果DIF线处在DEA线下方并开始由下向上突破DEA线，这是MACD指标的第二种“黄金交叉”。它表示股价在经过一段时间的涨势、并在相对高位或低位整理后，股价将开始一轮比较大的上涨行情，是中长线买入信号。它可能就预示着股价的一轮升幅可观的上涨行情即将很快展开，这是买入股票的较好时机。

（1）当股价是在底部小幅上升，并经过了一段短时间的横盘整理，然后股价放量向上突破、同时MACD指标出现这种金叉时，是长线买入信号。此时可以长线逢低建仓。

（2）当股价是从底部启动并且已经出现一轮涨幅较大的上升行情，并经过上涨途中较长时间的中位缩量回档整理， 然后股价再次放量调头向上扬升、同时MACD指标出现这种金叉时，是中线买入信号。

DIF线和DEA线都运行在0值线以上区域

如果DIF线在DEA线下方调头由下向上穿越DEA线，这是MACD指标的第三种“黄金交叉”。它表示股价经过一段时间的高位回档整理后，新的一轮涨势开始，是第二个买入信号。此时，激进型的可以短线加码买入股票；稳健型的则可以继续持股待涨。

4. MACD指标死叉

股价在经过大幅拉升后出现横盘，形成的一个相对高点，投资者尤其是资金量较大的投资者，必须在第一卖点出货或减仓。此时判断第一卖点成立的技巧是“股价横盘且MACD死叉”，死叉之日便是第一卖点形成之时。

0值线以上区域的强势“死亡交叉”

当MACD指标中的DIF线和DEA线在远离0值线以区域同时向上运行很长一段时间并向上远离0值线后，当DIF线开始进行横向运行或慢慢勾头向下靠近DEA线时，如果DIF线接着向下突破DEA线，这是MACD指标的第一种“死亡交叉”。

它表示股价经过很长一段时间的上涨行情，并在高位横盘整理后，一轮比较大的跌势将展开。对于这一种“死亡交叉”，预示着股价的中长期上升行情结束，该股的另一个下跌趋势已可能开始，股价将可能展开一段时间较长的跌势，因此，投资者对于MACD指标的这种“死亡交叉”应格外警惕，应及时逢高卖出全部或大部分股票，特别是对于那些前期涨幅过高的股票更要加倍小心。

0值线以下区域的弱势“死亡交叉”

当MACD指标中的DIF线和DEA线在远离0值线以下区域运行很长一段时间后，由于DIF线的走势领先于DEA线，因此，当DIF线再次开始慢慢调头向下靠近DEA线时，如果DIF线接着向下突破DEA线，这是MACD指标的另一种“死亡交叉”。

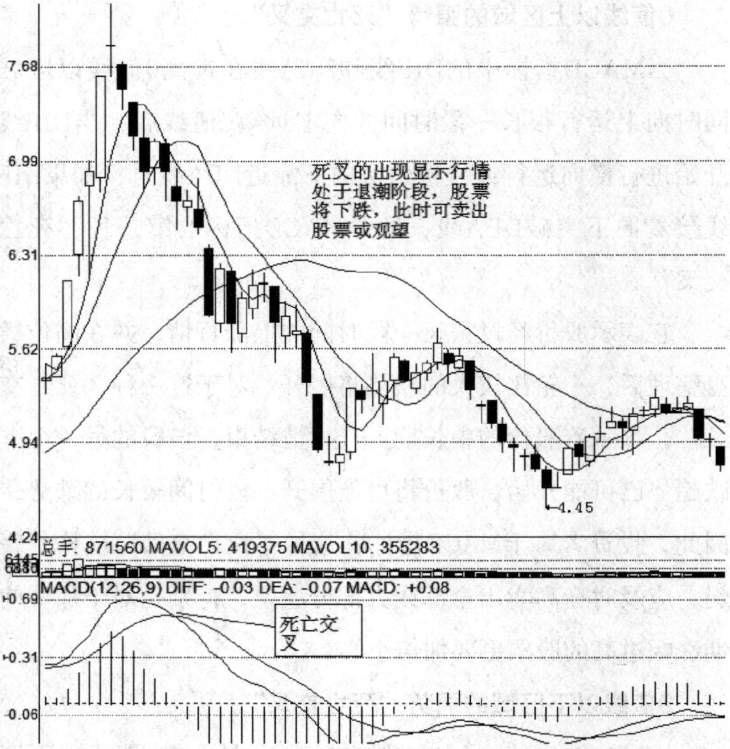

MACD “死亡交叉”

它表示股价在长期下跌途中的一段时间的反弹整理后，一轮比较大的跌势又要展开，股价将再次下跌，是短线卖出信号。对于这种“死亡交叉”，它意味着下跌途中的短线反弹结束，股价的中长期趋势依然看淡，投资者应以逢高卖出剩余的股票或持币观望为主。

第二节　KDJ 指标的炒股绝招

KDJ指标又叫随机指标，是由乔治·蓝恩博士（George Lane）最早提出的，是一种相当新颖、实用的技术分析指标。由于KDJ指标本质上是一个随机波动的观念，故其对于掌握中短期行情走势比较准确。

KDJ指标是三条曲线，其中K值和D值的取值范围都是0—100，而J值的取值范围可以超过100和低于0，但在分析软件上KDJ的研判范围都是0—100。通常就敏感性而言，J值最强，K值次之，D值最慢，而就安全性而言，J值最差，K值次之，D值最稳。

根据KDJ的取值，可将其划分为几个区域，即超买区、超卖区和徘徊区。按一般划分标准，K、D、J这三值在20以下为超卖区，是买入信号；K、D、J这三值在80以上为超买区，是卖出信号；K、D、J这三值在20—80之间为徘徊区，宜观望。

一般而言，当K、D、J三值在50附近时，表示多空双方力量均衡；当K、D、J三值都大于50时，表示多方力量占优；当K、D、J三值都小于50时，表示空方力量占优。

股价一旦被长期均线压制，KDJ再怎么样金叉一般也只能做短线操作，切莫做中长线投资。这是KDJ使用的前提。在长期均线下，且远离均线，KDJ金叉时，股价有超跌反弹的可能可做短线操作。

KDJ曲线出现的各种形态是判断行情走势、决定买卖时机的一种分析方法。另外，KDJ指标曲线还可以画趋势线、压力线和支撑线等（我们仅以同花顺软件为例，参数9，3，3）。

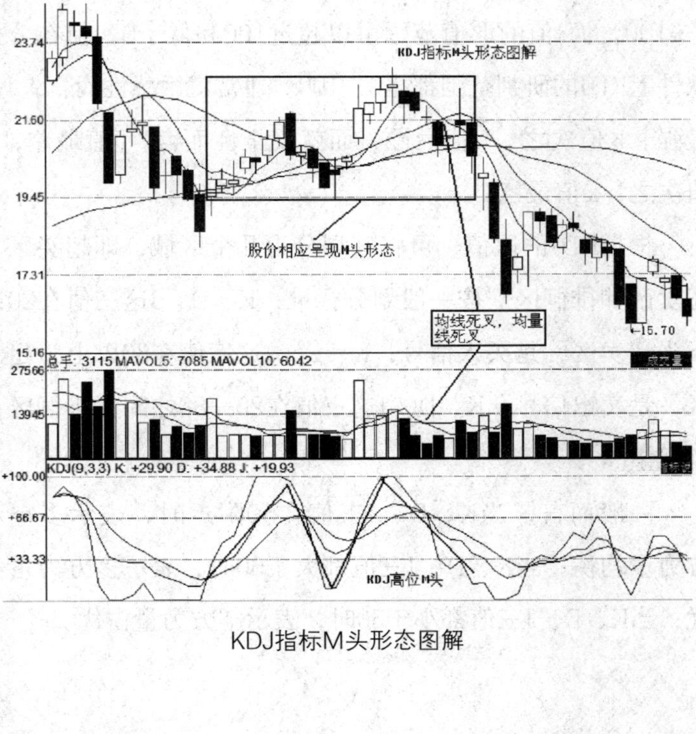

KDJ指标M头形态图解

1. 当KDJ曲线在50上方的高位时，如果KDJ曲线的走势形成M头或三重顶等顶部反转形态，可能预示着股价由强势转为弱势，股价即将大跌，应及时卖出股票。如果股价的曲线也出现同样形态则更可确认，其跌幅可以用M头或三重顶等形态理论来研判。

2. 当KDJ曲线在50下方的低位时，如果KDJ曲线的走势出现W底或三重底等底部反转形态，可能预示着股价由弱势转为强势，股价即将反弹向上，可以逢低少量吸纳股票。如果股价曲线也出现同样形态更可确认，其涨幅可以用W底或三重底形态理论来研判。

3. KDJ曲线的形态中M头和三重顶形态的准确性要大于W底和三重底。

KDJ指标黄金交叉

1. 当股价经过一段很长时间的低位盘整行情，并且K、D、J三线都处于50线以下时，一旦J线和K线几乎同时向上突破D线时，表明股市即将转强，股价跌势已经结束，将止跌朝上，可以开始买进股票，进行中长线建仓。这是KDJ指标“黄金交叉”的一种形式。

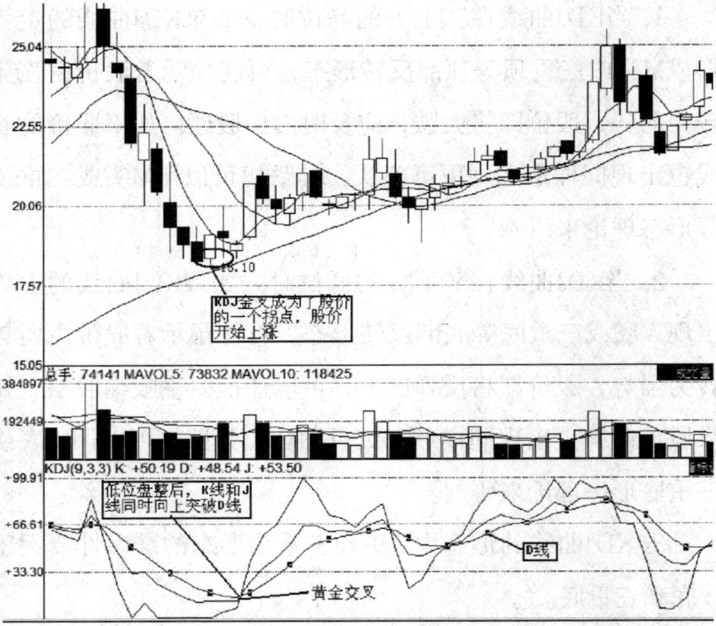

KDJ指标黄金交叉图解

2. 当股价经过一段时间的上升过程中的盘整行情，并且K、D、J线都处于50线附近徘徊时，一旦J线和K线几乎同时再次向上突破D线，成交量再度放出时，表明股市处于一种强势之中，股价将再次上涨，可以加码买进股票或持股待涨，这就是KDJ指标“黄金交叉”的一种形式。

KDJ指标死亡交叉

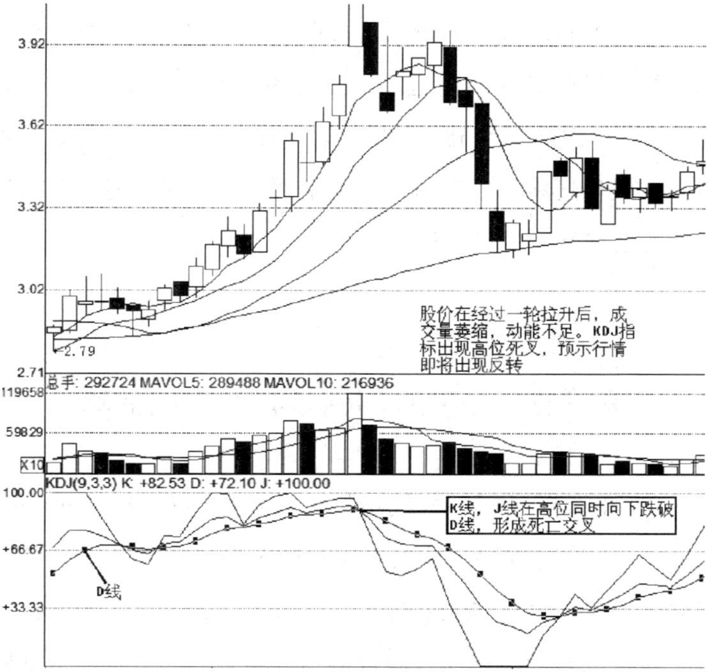

KDJ指标死亡交叉形态图解

1. 当股价经过前期一段很长时间的上升行情后，股价涨幅已经很大的情况下，一旦J线和K线在高位（80以上）几乎同时向下突破D线时，表明股市即将由强势转为弱势，股价将大跌，这时应卖出大部分股票而不能买股票，这就是KDJ

指标的“死亡交叉”的一种形式。

2. 当股价经过一段时间的下跌后，而股价向上反弹的动力缺乏，各种均线对股价形成较强的压力时，KDJ曲线在经过短暂的反弹到80线附近，但未能重返80线以上时，一旦J线和K线再次向下突破D线时，表明股市将再次进入极度弱市中，股价还将下跌，可以再卖出股票或观望，这是KDJ指标“死亡交叉”的另一种形式。

第三节　BOLL 指标炒股的攻防战略

BOLL指标又叫布林线指标，其英文全称是“Bolinger Bands”，是用该指标的创立人约翰·布林的姓来命名的，是研判股价运动趋势的一种中长期技术分析工具。当股价靠近上轨线的时候，就显示股价偏高。反之，当股价靠近下轨线的时候，股价就偏低了。BOLL指标是一种简单而有效的实战指标，如果你能灵活地掌握它，那么就可以大大提升获利的能力。

BOLL指标中的上、中、下轨线的意义

1. BOLL指标中的上、中、下轨线所形成的股价通道的移动范围是不确定的，通道的上下限随着股价的上下波动

而变化。在正常情况下，股价应始终处于股价通道内运行。如果股价脱离股价通道运行，则意味着行情处于极端的状态下。

2. 在BOLL指标中，股价通道的上下轨是显示股价安全运行的最高价位和最低价位。上轨线、中轨线和下轨线都可以对股价的运行起到支撑作用，而上轨线和中轨线有时则会对股价的运行起到压力作用。

3. 一般而言，当股价在布林线的中轨线上方运行时，表明股价处于强势趋势；当股价在布林线的中轨线下方运行时，表明股价处于弱势趋势。

K线和布林线上、中、下轨之间的关系

1. 当K线从布林线的中轨线以下、向上突破布林线中轨线时，预示着股价的强势特征开始出现，股价将上涨，投资者应以中长线买入股票为主。

2. 当K线从布林线的中轨线以上、向上突破布林线上轨时，预示着股价的强势特征已经确立，股价将可能短线大涨，投资者应以持股待涨或短线买入为主。

3. 当K线向上突破布林线上轨以后，其运动方向继续向上时，如果布林线的上、中、下轨线的运动方向也同时向上，则预示着股市的强势特征依旧，股价短期内还将上涨，投资者应坚决持股待涨，直到K线的运动方向开始有掉头向下的迹象时才密切注意行情是否转势。

4. 当K线在布林线上方向上运动了一段时间后，如果K线的运动方向开始掉头向下，投资者应格外小心，一旦K线掉头向下并突破布林线上轨时，预示着股价短期的强势行情可能结束，股价短期内将大跌，投资者应及时短线卖出股票、离场观望。特别是对于那些短线涨幅很大的股票。

5. 当K线从布林线的上方、向下突破布林线上轨后，如果布林线的上、中、下轨线的运动方向也开始同时向下，预示着股价的短期强势行情即将结束，股价的短期走势不容乐观，投资者应以逢高减磅为主。

6. 当K线从布林线中轨上方、向下突破布林线的中轨时，预示着股价前期的强势行情已经结束，股价的中期下跌趋势已经形成，投资者应中线及时卖出股票。如果布林线的上、中、下线也同时向下则更能确认。

7. 当K线向下跌破布林线的下轨并继续向下时，预示着股价处于极度弱势行情，投资者应坚决以持币观望为主，尽量不买入股票。

8. 当K线在布林线下轨运行了一段时间后，如果K线的运动方向有掉头向上的迹象时，表明股价短期内将止跌企稳，投资者可以少量逢低建仓。

9. 当K线从布林线下轨下方、向上突破布林线下轨时，预示着股价的短期行情可能回暖，投资者可以及时适量买进股票，作短线反弹行情。

10. 当K线一直处于中轨线上方，并和中轨线一起向上运动时，表明股价处于强势上涨过程中，只要K线不跌破中轨线，投资者坚决一路持股。

11. 当K线一直处于中轨线下方，并和中轨线一起向下运动时，表明股价处于弱势下跌过程中，只要K线不向上反转突破中轨线，稳健的投资者都可一路观望。

BOLL指标的研判标准

布林线“喇叭口”的研判是BOLL指标所独有的研判手段。所谓布林线“喇叭口”是指在股价运行的过程中，布林线的上轨线和下轨线分别从两个相反的方向与中轨线大幅扩张或靠拢而形成的类似于喇叭口的特殊形状。

开口型喇叭口

当股价经过长时间的底部整理后，布林线的上轨线和下轨线逐渐收缩，上下轨线之间的距离越来越小，随着成交量的逐渐放大，股价突然出现向上急速飙升的行情，此时布林线上轨线也同时急速向上扬升，而下轨线却加速向下运动，这样布林线上下轨之间的形状就形成了一个类似于大喇叭的特殊形态，我们把布林线的这种喇叭口称为开口型喇叭口。

开口型喇叭口是一种显示股价短线大幅向上突破的形态，预示股价将处于短期大幅拉升行情之中。开口喇叭口形态的确立是以K线向上突破上轨线、股价带量向上突破中长期均线为准。对于开口喇叭口形态的出现，投资者如能及时短线买进定会获利丰厚。

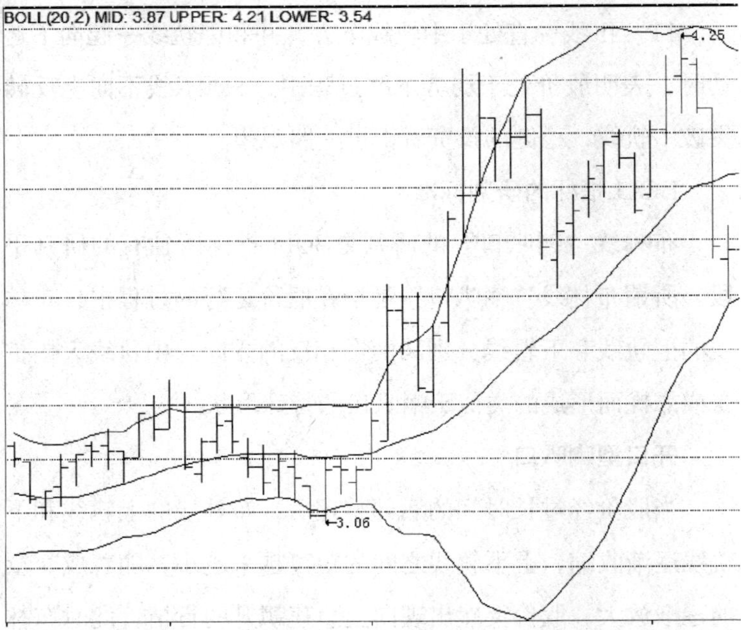

BOLL开口喇叭形态

收口型喇叭口

当股价经过短时间的大幅拉升后，布林线的上轨线和下轨线逐渐扩张，上下轨线之间的距离越来越大，随着成交量的逐步减少，股价在高位出现了急速下跌的行情，此时布林线的上轨线开始急速掉头向下，而下轨线还在加速上升，这样布林线上下轨之间的形状就变成一个类似于倒的大喇叭的特殊形态，我们把布林线的这种喇叭口称为收口型喇叭口。

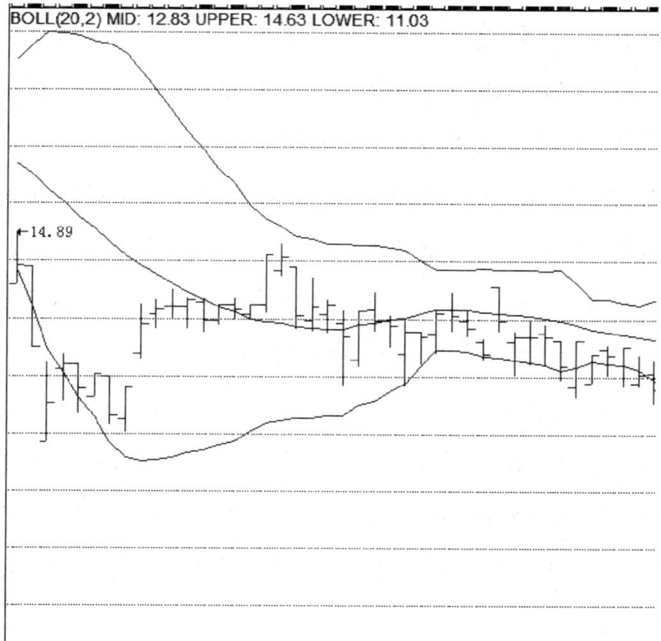

BOLL收口喇叭形态

收口型喇叭口是一种显示股价短线大幅向下突破的形态，预示股价将处于短期大幅下跌的行情之中。

收口型喇叭口形态的确立是以股价的上轨线开始掉头向下、股价向下跌破短期均线为准。对于收口型喇叭口形态的出现，投资者如能及时卖出则能保住收益、减少较大的下跌损失。

紧口型喇叭口

当股价经过长时间的下跌后，布林线的上下轨向中轨逐渐靠拢，上下轨之间的距离越来越小，随着成交量的越来越小，股价在低位的反复振荡，此时布林线的上轨还在向下运动，而下轨线却在缓慢上升。这样布林线上下轨之间的形状就变成一个类似于倒的小喇叭的特殊形态，我们把布林线的这种喇叭口称为紧口型喇叭口。

紧口型喇叭口是一种显示股价将长期小幅盘整筑底的形态，预示股价将处于长期横盘整理的行情中。

紧口型喇叭口形态的形成条件和确认标准比较宽松，只要股价经过较长时间的大幅下跌后，成交极度萎缩，上下轨之间的距离越来越小的时候就可认定紧口型喇叭初步形成。当紧口型喇叭口出现后，投资者既可以观望等待，也可以少量建仓。

在实战中，布林线可以为我们提供买卖信号：

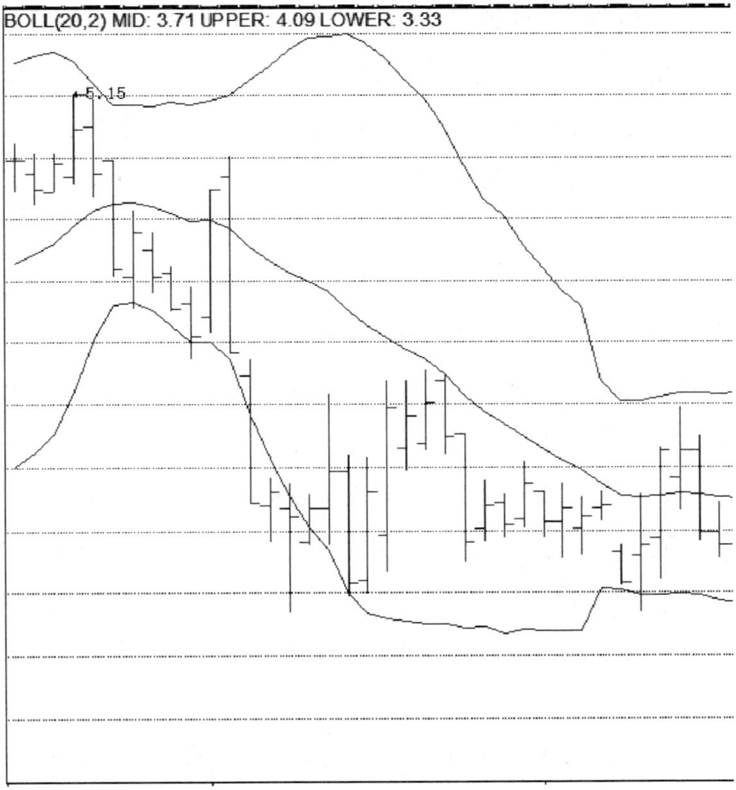

BOLL紧口喇叭形态

1. 当股价K线带量向上突破布林线的上轨，并且TRIX指标也已经发出低位“金叉”时，说明股价即将进入一个中长期上升通道之中，这是BOLL指标发出的买入信号。此时，投资者应及时地买入股票。

2. 当布林线轨道很长一段时间的低位窄幅水平运动后，一旦股价K线带量向上突破布林线的上轨，同时原本狭窄的布林线通道突然开口向上时，说明股价即将脱离原来的水平运行通道、进入新的上升通道之中，这也是BOLL指标发出的买入信号。

3. 当股价K线向下突破布林线的中轨，并且TRIX指标也在已经发出高位“死叉”时，说明股价即将进入一个中长期下降通道之中，这是BOLL指标发出的卖出信号。此时，投资者应尽早清仓离场。

4. 当布林线轨道很长一段时间的高位窄幅水平运动后，一旦股价K线向下突破布林线的下轨，同时原本狭窄的布林线通道突然开口向下时，说明股价即将脱离原来的水平运行通道、进入新的下降通道之中，这也是BOLL指标发出的卖出信号。

例：2001年6月5日，000975科学城的庄家破土而出，正式开口向市场要钱。该股以涨停板的方式一举击穿BOLL指标的上轨，从而导致了该指标快速张口，随着股价的进一步强劲上扬，BOLL指标的口也越张越大，说明该股正处于主升浪之中。这时候，投资者可积极地逢低介入，第一个买入良机为K线击穿上轨之时，之后可以沿着3天均线分批介入。

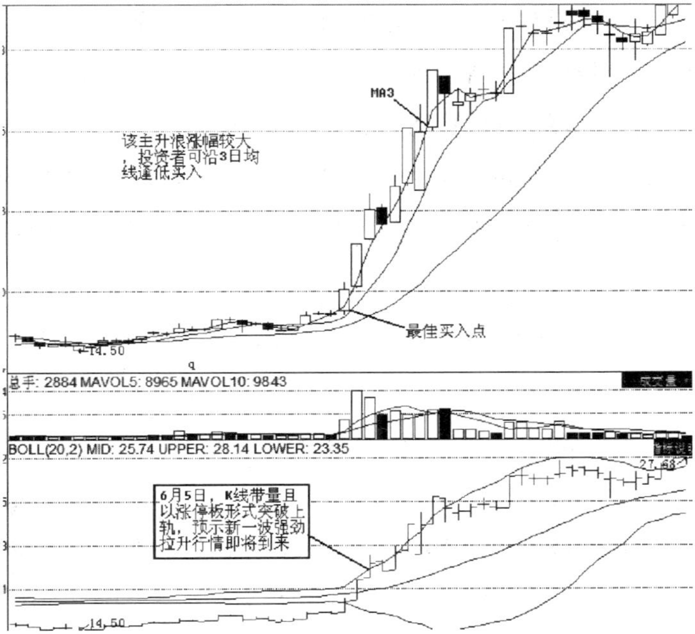

科学城

第四节　W%R 指标把握买卖时机

威廉指标W%R又叫威廉超买超卖指标，简称威廉指标，是由拉瑞·威廉（Larry William）在1973年发明的，是目前股市技术分析中比较常用的短期研判指标。对于投资者而言，威廉指标是一个简单实用的技术指标：它及时准确地选择出市场中股价异动前的瞬间，既能选择出加速下跌的瞬间，也能选择出涨升启动前的最佳入市时机。

在W%R指标的应用中，我们主要应注意其数值的大小

和KDJ指标一样，W%R的数值范围为0——100。不同的是W%R指标是以0为顶部，以100为底部。

1. 当W%R在20——0区间时，是W%R指标的超买区，表明市场处于超买状态，股票价格已进入顶部，可考虑卖出。W%R=20这一横线，一般视为卖出线。

2. 当W%R进入80——100区间时，是W%R指标的超卖区，表明市场处于超卖状态，股票价格已近底部，可考虑买入。W%R=80这一横线，一般视为买入线。

3. 当W%R在20——80区间时，表明市场上多空暂时取得平衡，股票价格处于横盘整理之中，可考虑持股或持币观望。

4. 在具体实战中，当威廉曲线向上突破20超买线而进入超买区运行时，表明股价进入强势拉升行情，这是提醒投资者要密切关注行情的未来走势，只有当W%R曲线再次向下突破20线时，才为投资者提出预警，为投资者买卖决策提供参考。同样，当威廉曲线向下突破80超卖线而进入超卖区运行时，表明股价的强势下跌已经缓和，这也是提醒投资者

可以为建仓作准备，而只有当W%R曲线再次向上突破80线时，投资者才真正短线买入。

W%R曲线的形状

1. 当W%R曲线从超卖区开始向上爬升，超过80这条买入线时，说明行情可能向上突破，是开始买入的信号。

2. 当W%R曲线从超买区开始向下回落，跌破20这条卖出线时，说明行情可能向下反转，是开始卖出的信号。

3. 当W%R曲线由超卖区向上突破50这条多空平衡线时，说明股价涨势较强，可考虑短线加码买入。

4. 当W%R曲线由超买区向下突破50这条多空平衡线时，说明股价跌势较强，可考虑短线加码卖出。

W%R指标最佳参数的探讨及买卖决策

1. 如果取6日为短期W%R指标的参数，则当W%R指标数值小于15时，就可归为W%R指标的短期超买，是短线卖出信号。

2. 如果取6日为短期W%R指标的参数，则当W%R指标数值大于85时，就可归为W%R指标的短期超卖，是短线买入信号。

3. 如果取20为中期W%R指标的参数，则当W%R指标数值小于20时，就可归为W%R指标的中期超买，是中线卖出信号。

4. 如果取20日为中期W%R指标的参数，则当W%R指标数值大于80时，就可归为W%R指标的中期超卖，是中线买入信号。

5. 如果取70日为长期W%R指标的参数，则当W%R指标数值小于10时，就可归为W%R指标的长期超买，是长线卖出信号。

6. 如果取70日为长期W%R指标的参数，则当W%R指标数值大于90时，就可归为W%R指标的长期超卖，是长线买入信号。

从形态上来看，W%R指标主要有顶背离、底背离两种形态。

顶背离

当股价K线图上的股票走势一峰比一峰高，股价在一直向上涨，而W%R指标图上的W%R曲线的走势是在高位一峰比一峰低，这叫顶背离现象。顶背离现象一般是股价将高位反转的信号，表明股价短期内即将下跌，是比较强烈的卖出信号。

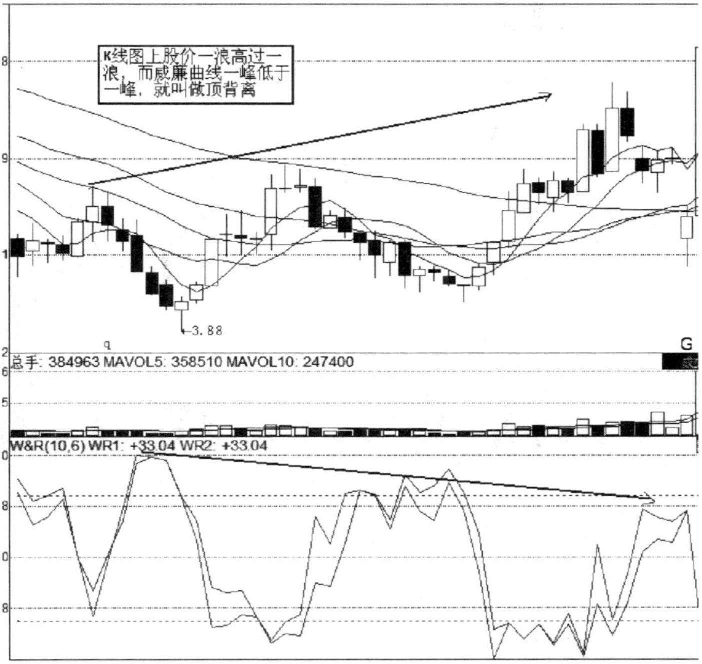

W%R指标顶背离形态图解

底背离

当股价K线图上的股票走势一峰比一峰低，股价在向下跌，而W%R指标图上的W%R曲线的走势是在低位一底比一底高，这叫底背离现象。底背离现象一般是股价将低位反转的信号，表明股价短期内即将上涨，是比较强烈的买入信号。

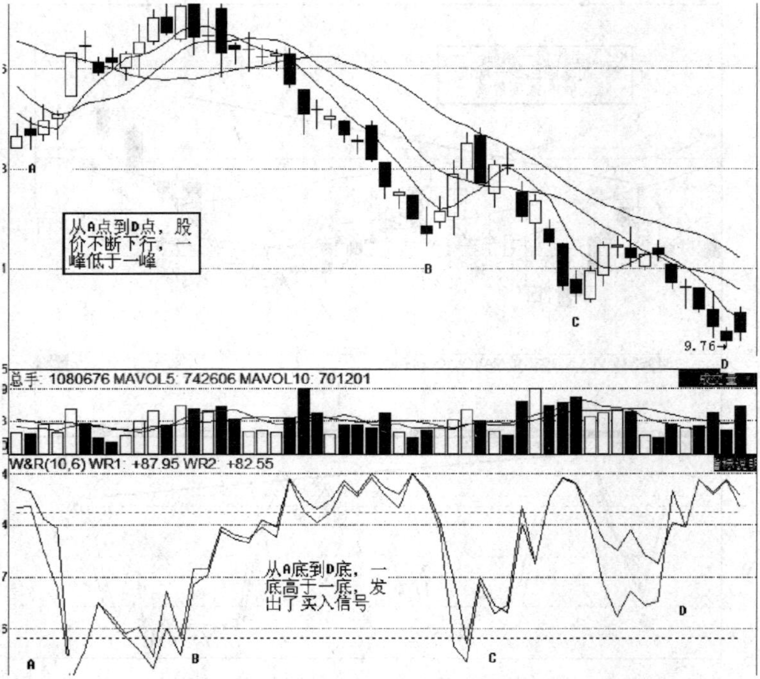

W%R指标底背离形态图解

指标背离一般出现在强势行情中比较可靠。即股价在高位时，通常只需出现一次顶背离的形态即可确认行情的顶部反转，而股价在低位时，一般要反复出现多次底背离后才可确认行情的底部反转。

第五节　TOWER 指标买卖操作技巧

股市之大，无奇不有，种类繁多的主力骗线手法层出不绝，让一些资深股民也头疼不已。有没有一种技术指标能够破解骗线伎俩呢？答案是有！宝塔线就能够帮投资者过滤掉相当一部分的骗线。TOWER指标，又称为宝塔线指标，是一种与K线及点状图相类似并注重股价分析的中长期技术分析工具。由于宝塔线的止损点和止盈点，由宝塔线以非主观方式给出，止损或止盈幅度因各股的宝塔线结构而异，跟建仓价无关，跟最近3个交易日收盘价及5天均线的升降有关，有着很清晰的可操作性。可以说宝塔线是实战价值极高的技术指标，它以其极好的市场敏感性和客观实证性、可有效辅助投资者避险、在大的波段顶和反弹见顶时发出卖出信号。

宝塔线TOWER指标的一般研判标准主要集中在宝塔线的黑白棒线的状态及相互之间转化的分析和宝塔线与股价K线的配合使用等方面（在股市分析软件上，黑棒多用绿颜色代替、白棒多用红颜色代替）。以日宝塔线为例，其主要分析过程如下：

黑白棒线的状态及相互转化的分析。

1. 当股价由底部向上反转，宝塔线的黑色棒线进入翻白的状态时，说明股价开始上涨，投资者可适量介入。

2. 当股价在上升途中，只要宝塔线的白色棒线一直持续出现，说明股价一直维持强势上涨的态势，投资应坚决持股或逢低短线买入。

3. 当宝塔线维持白色棒线状态的时间很长并且股价短期内涨幅已经很大的情况时，投资者应密切关注宝塔线的状态，一旦宝塔线的白色棒线开始进入翻黑的状态时，说明股价的短期涨势可能结束，投资者应全部卖出股票，离场观望。

4. 当股价在下跌途中，只要宝塔线的黑色棒线一直持续出现，说明股价一直维持弱势下跌的态势，投资者应坚决持币观望或逢高卖出。

5. 当股价在一段幅度的盘整区间中维持小翻白、小翻黑状态时，只要这个盘整区间没有被突破，说明股价的整理态势没有结束，投资者可以选择持股或持币观望。

6. 当股价维持高位盘整，一旦出现实体很长的黑色棒线向下突破盘整的区间时，说明股价高位盘整的态势已经结束，将进入一个比较长时间的下跌行情，投资者应及时卖出股票，离场观望。

7. 当股价在上升途中维持中低位整理，一旦出现实体很长的白色棒线向上突破整理区间时，说明股价中低位整理的态势已经结束，将进入一个快速的上涨行情，投资者应及时短线买入股票或持股待涨。

8. 当股价在下跌途中，宝塔线翻黑了一段时间后，突然翻白，投资者应再观察几天，不可轻易买入，防止股价假突破。

宝塔线与K线的配合使用

1. 当股价在底部横盘很久后，突然出现一根实体很长的向上突破大阳线，如果宝塔线也出现实体较长的向上白棒线时，说明股价的涨势开始确立，投资者可以及时买进股票。

2. 当股价在中长期上升途中，股价的K线出现小阴大阳相互交替的向上态势时，只要宝塔线一直维持白色棒线的状态，说明股价涨势强劲，投资者应坚持一路持股待涨。

3. 当股价在中长期下降途中，股价的K线出现大阴小阳相互交替的向下态势时，只要宝塔线一直维持黑色棒线的状态，说明股价跌势绵绵，投资者应坚决一路持币观望。这点和上面一点对于股价走势研判的准确率极高。

4. 当股价经过一段时间的幅度较大的上涨行情后，如果股价的K线在高位出现一根实体较长向下突破的阴线后，宝塔线也出现一根实体较长的向下黑棒线时，说明股价的跌势已经开始，投资者应及时卖出股票。

TOWER指标的形态主要有三平顶、三平底

一、三平顶形态

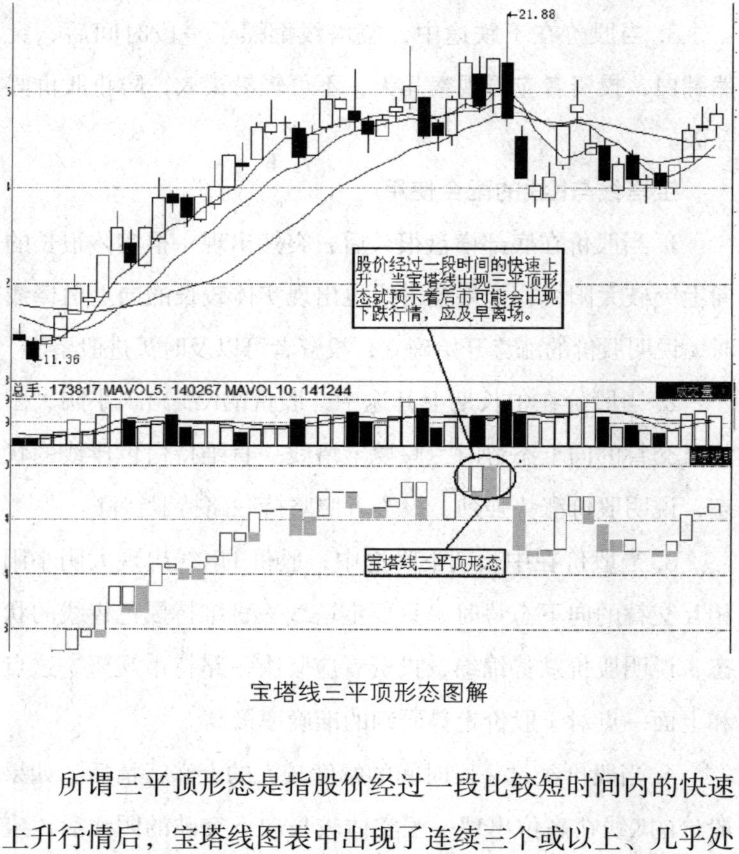

宝塔线三平顶形态图解

所谓三平顶形态是指股价经过一段比较短时间内的快速上升行情后，宝塔线图表中出现了连续三个或以上、几乎处于同一水平位置的实体很长的黑棒线或棒体下部为黑、上部为白的混合棒体线的形态。一般来说，股价短期涨幅已经相

当大，近期波段涨幅要超过30%，越大越有效。

在研判三平顶形态时，投资者应注意以下问题：当股价经过在一段较短时间内的拉升行情后，在高位出现这种三平顶翻黑的形态时，预示着股价的强势行情已经见顶，将开始一段比较迅猛的跌势行情，因此，一旦宝塔线指标在高位出现三平顶翻黑形态时，应果断及时地短线卖出全部股票而离场观望。三平顶的另一种形态为，股价在中高位进行了一段时间的盘整后，一旦TOWER指标出现三平顶翻黑形态，并且股价也几乎同时向下跌破中长期均线，这种三平顶形态的出现意味着股价一轮新的跌势的开始，应及时清仓观望。

二、三平底形态

所谓三平底形态是指股价经过一段比较长时间的快速下跌行情后，宝塔线图表中出现了连续三个或以上、位置依次向上的实体较长的白棒线或棒体下部为黑、上部为白的混合体棒线的形态。

三平底形态的前提条件是，股价中长期的跌幅已经很大而且近期的跌幅也累计超过30%。其研判方法概括如下：当股价经过一段较短时间的暴跌行情后，股价在低位出现三平底翻白的形态时，预示着股价已经严重超跌短期内可能产生一波短线的反弹行情，因此，当宝塔线指标在底部出现三平底翻白形态时，投资者可以适量地买入股票，作短线反弹行情。三平底的另一种形态为，股价在上涨中途进行了一段比较长时间的盘整后，一旦TOWER指标出现三平底翻红形态，并且股价也同时依托中长期均线向上扬升，这种三平底形态的出现意味着股价一轮新的涨势的开始，应短线及时逢低买入或持股观望。

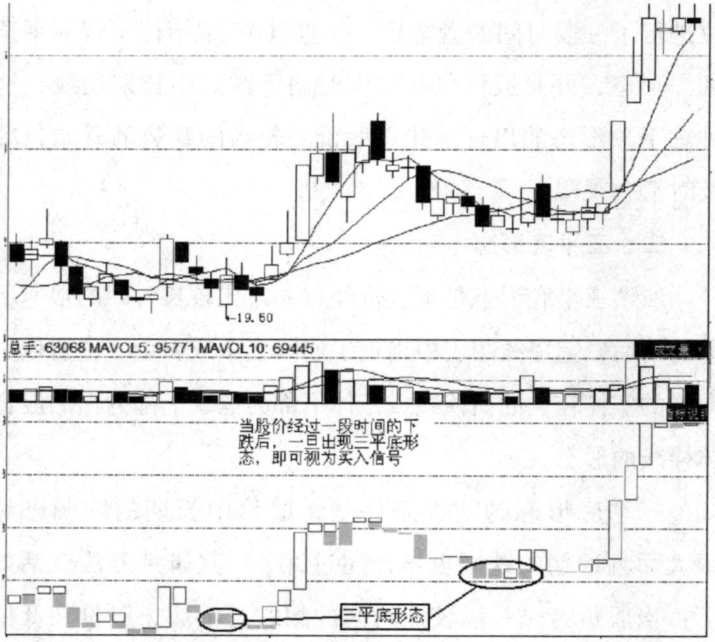

宝塔线三平底形态图解

第六节　ARBR 指标的实战法则

在做股票时，有一种重要的市场参考指标是不能被忽略的，那就是ARBR指标。AR指标又叫人气指标，BR指标又叫买卖意愿指标，它们是衡量市场上多空双方力量对比变化的最重要指标。它们既可以单独使用，更多情况下是一同使用，是一种中长期技术分析工具。

AR指标的单独应用

1. AR值以100为强弱买卖气势的均衡状态，其值在上下20之间。亦即当AR值在80——120之间时，属于盘整行情，股价走势平稳，不会出现大幅上升或下降。

2. AR值走高时表示行情活跃，人气旺盛，而过高则意味着股价已进入高价区，应随时卖出股票。在实际走势中，AR值的高度没有具体标准，一般情况下AR值大于180时（有的设定为150），预示着股价可能随时会大幅回落下跌，应及时卖出股票。

3. AR值走低时表示行情萎靡不振，市场上人气衰退，而过低时则意味着股价可能已跌入低谷，随时可能反弹。一般情况下AR值小于40（有的设定为50）时，预示着股价已严重超卖，可考虑逢低介入。

4. 同大多数技术指标一样，AR指标也有领先股价到达峰顶和谷底的功能。当AR到达顶峰并回头时，如果股价还在上涨就应考虑卖出股票，获利了结；如果AR到达低谷后回头向上时，而股价还在继续下跌，就应考虑逢低买入股票。

BR指标的单独应用

1. BR值为100时也表示买卖意愿的强弱呈平衡状态。

2. BR值的波动比AR值敏感。当BR值介于70—150之间（有的设定为80—180）波动时，属于盘整行情，投资者应以观望为主。

3. 当BR值大于300（有的设定为400）时，表示股价进入高价区，可能随时回档下跌，应择机抛出。

4. 当BR值小于30（有的设定为40）时，表示股价已经严重超跌，可能随时会反弹向上，应逢低买入股票。

AR、BR指标的配合使用

1. 一般情况下，AR可单独使用，而BR则需与AR配合使用才能发挥BR的功能。

2. AR和BR同时从低位向上攀升，表明市场上人气开始积聚，多头力量开始占优势，股价将继续上涨，投资者可及时买入或持筹待涨。

3. 当AR和BR从底部上扬一段时间后，到达一定高位并停滞不涨或开始掉头时，意味着股价已到达高位，持股者应注意及时获利了结。

4. BR从高位回跌，跌幅达1/2时，若AR没有警戒信号出现，表明股价是上升途中的正常回调整理，投资者可逢低买入。

5. 当BR急速上升，而AR却盘整或小幅回档时，应逢高出货。

以前股市技术分析中，都是在AR和BR指标基础上，引入CR指标一道研判，可提高分析、预测行情的准确性。但现在大多数技术分析软件上都是将CR作为单独指标使用，因此这里就不介绍AR、BR和CR三者的同时研判。

ARBR指标的形态图解

一、AR、BR曲线的运行方向及交叉形态

（以26日为参数的AR、BR指标）

1. 当股价开始从低位放量起动，而AR、BR线也同时向上攀升，特别是BR线向上突破AR线时（即AR、BR线“金叉”），应及时买入股票。

2. 在上升行情开始初期，BR线一直在AR线上方运行，同时AR线也缓慢上扬，说明股价将维持升势，投资者可坚决持股。

3. 当股市到达高位后，而AR和BR线却有掉头向下的迹象时，投资者应加倍小心。当BR线开始向下突破AR线时（即AR、BR线“死叉”），为卖出信号。

4. 当股价从高位开始下跌，BR线开始向下突破AR线时，说明股价将持续下跌，投资者应及时卖出股票。

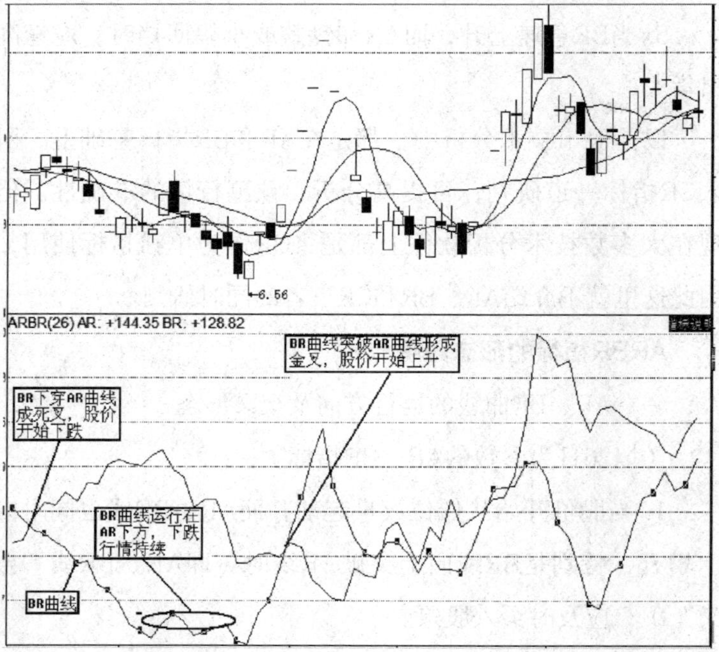

ARBR曲线交叉形态图解

5. 当BR线一直在AR线下方并同时向下运动时，说明股价将维持跌势，投资者应以持币观望为主。

二、AR、BR曲线的背离现象

（一）顶背离

当股价K线图上的股票走势一峰比一峰高，股价在一直向上涨，而AR、BR指标图上的AR、BR曲线的走势是在高位一峰比一峰低，这叫顶背离现象。顶背离现象一般是股价将高位反转的信号，表明股价短期内即将下跌，是比较强烈的卖出信号。

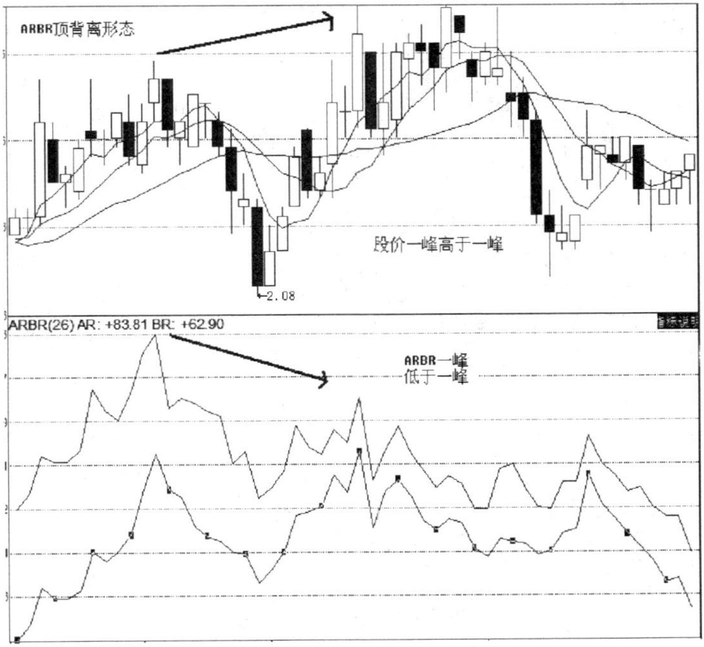

ARBR曲线顶背离形态图解

（二）底背离

当股价K线图上的股票走势一峰比一峰低，股价在向下跌，而AR、BR指标图上的AR、BR曲线的走势是在低位一底比一底高，这叫底背离现象。底背离现象一般是股价将低位反转的信号，表明股价短期内即将上涨，是比较强烈的买入信号。

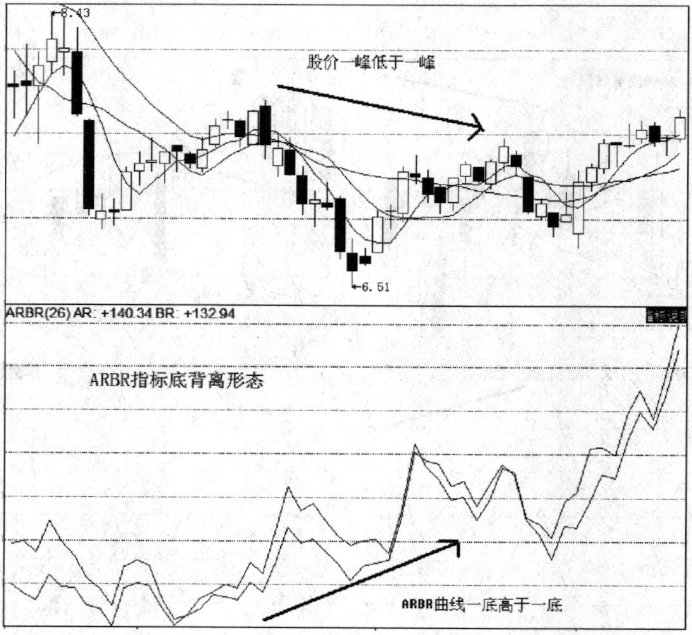

ARBR指标底背离形态图解

指标背离一般出现在强势行情中比较可靠。即股价在高位时，通常只需出现一次顶背离的形态即可确认行情的顶部反转，而股价在低位时，一般要反复出现多次底背离后才可确认行情的底部反转实战中，我们可以应用ARBR指标与KDJ指标组合抄底选股。

当股价经过长时间的下跌之后，空方力度接近衰竭，多方主力开始公开进场，主力有备而来，特别是月K线个股连续下调，指标处于低位，套牢筹码已高高在上方，日K线已经十分清淡，悲观情绪十分弥漫，此时日线突然出现放量大阳线或者涨停板，如能带动整个板块可优先考虑。

月K线在下跌平台后再次下跌四个月，周KDJ数值必须在位于15以下，日ARBR数值位于50附近，此时日线上的铁犁翻地形成，此为主力公开建仓的开始信号，可以果断介入，止损位设于10%。

实战案例：新民科技（002127）该股自高位调整到2008年2月的16元一带后，再次开始下跌，月K线又连续出现四根阴线，周KDJ数值已下跌到15以下，日线ARBR数值已处于50附近，日K线上连续出现低量低价了。于2008年7月1日该股突然放量攻击涨停，此时铁犁翻地技术形成，果断介入，此股短期内连续大涨，到7月11日短短9个交易日股价大涨了45%，而同期同比大盘仅上涨7%。

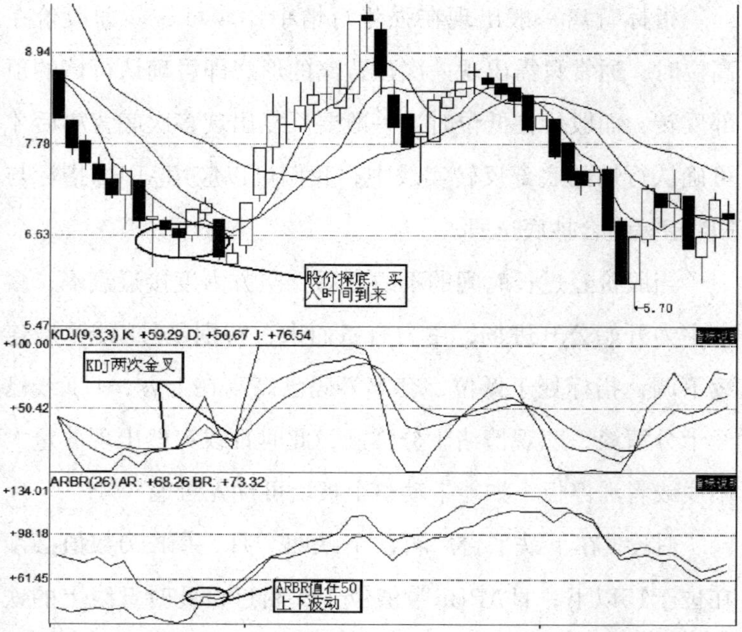

新民股份2008年7月到8月走势图

第七节　乖离率指标——BIAS

中国股市的投机氛围十分浓重，相当一部分投资者喜欢短线，那么就应该充分利用一下BIAS指标。乖离率BIAS指标又叫Y值，它是依据葛兰碧移动均线八大法则而派生出来的一项技术分析指标，通过一定的数学公式，来计算和总结出当价格偏离移动平均线的程度，指出买卖时机。乖离率是目前股市技术分析中一种短中长期皆可的技术分析工具。和研判功能相差不大。

乖离率有正乖离率和负乖离率之分。

（1）若股价在移动平均线之上，则为正乖离率；股价在移动平均线之下，则为负乖离率；当股价与移动平均线相交，则乖离率为零。正的乖离率越大，表明短期股价涨幅过大，随之而来的是多头的短线获利颇丰，因此，股价再度上涨的压力加大，股价可能受短线获利盘的打压而下跌的可能性越高。反之，负的乖离率越大，空头回补而使股价反弹的可能越大。

（2）在投机性很强的市道和个股上，市场的投机性越高，乖离率的弹性越大，个别股票的乖离率差异更大，随股性而变化。

乖离率的数值的大小可以直接用来研究股价的超买超卖现象，判断买卖股票的时机。由于选用乖离率周期参数的不同，其对行情的研判标准也会随之变化，但大致的方法基本相似。以6日乖离率为例，具体方法如下：

（1）一般而言，在弱势市场上，股价的6日乖离率达到－5以上，表示股价超卖现象出现，可以考虑开始买入股票；而当股价的6日乖离率达到5以上，表示股价超买现象出现，可以考虑卖出股票。

（2）在强势市场上，股价的6日乖离率达到－10以上，表示股价超卖现象出现，为短线买入机会；当股价的6日乖离率达到10以上，表示股价超买现象出现，为短线卖出股票的机会。

（3）结合我国沪深股市的实际，在一些暴涨暴跌的时机，对于综合指数而言，当乖离率大于10以上时，预示股价指数已经出现超买现象，可开始逢高卖出股票，当乖离率小于－5时，预示股价指数已经出现超卖现象，可开始逢低吸纳股票。而对个股而言，当乖离率大于15以上为短线卖出时机，当乖离率小于－10时，为短线买入时机。

目前，在大多数股市分析软件上，BIAS指标构成主要是由不同时期（一般取短、中、长）的三条BIAS曲线构成。BIAS指标的研判主要是围绕短中长3根曲线的运动及互相交叉情况展开的。以日BIAS指标为例，其具体分析过程如下：

（1）当短、中、长期BIAS曲线始终围绕着0轴线，并在一定的狭小范围内上下运动时，说明股价是处于盘整格局中，此时投资者应以观望为主。

（2）当短期BIAS曲线开始在底部向上突破长期BIAS曲线时，说明股价的弱势整理格局可能被打破，股价短期将向上运动，投资者可以考虑少量长线建仓。

（3）当短期BIAS曲线向上突破长期BIAS曲线并迅速向上运动，同时中期BIAS曲线也向上突破长期BIAS曲线，说明股价的中长期上涨行情已经开始，投资者可以加大买入股票的力度。

（4）当短、中、长期BIAS曲线开始摆脱前期窄幅盘整的区间并同时向上快速运动时，说明股价已经进入短线强势拉升行情，投资者应坚决持股待涨。

（5）当短期BIAS曲线经过一段快速向上运动的过程后开始在高位向下掉头时，说明股价短期上涨过快，将开始短线调整，投资者可以短线卖出股票。

（6）当中期BIAS曲线也开始在高位向下掉头时，说明股价的短期上涨行情可能结束，投资者应中线卖出股票。

（7）当长期BIAS曲线也开始在高位向下掉头时，说明股价的中短期上涨行情已经结束，投资者应全部清仓离场。

（8）当中长期BIAS曲线从高位同时向下运动时，说明股价的下跌趋势已经形成，投资者应坚决持币观望。

BIAS曲线出现的各种形态也是判断行情走势、决定买卖时机的一种分析方法。

（1）当BIAS曲线在高位形成M头或三重顶等顶部反转形态时，可能预示着股价由强势转为弱势，股价即将大跌，应及时卖出股票。如果股价的曲线也出现同样形态则更可确认，其跌幅可以用M头或三重顶等形态理论来研判。

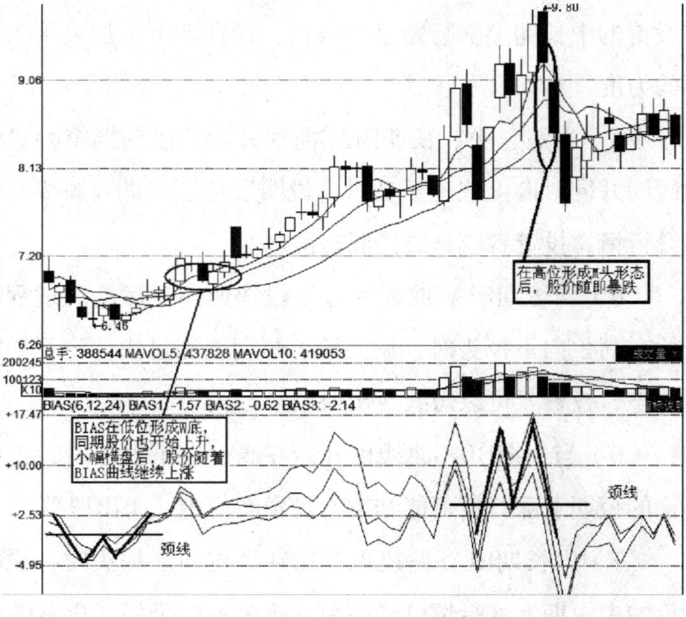

BIAS指标反转形态图解

（2）当BIAS曲线在低位出现W底或三重底等底部反转形态时，可能预示着股价由弱势转为强势，股价即将反弹向上，可以逢低少量吸纳股票。如果股价曲线也出现同样形态更可确认，其涨幅可以用W底或三重底形态理论来研判。

（3）BIAS曲线的形态中M头和三重顶形态的准确性要大于W底和三重底。

BIAS曲线与股价运行曲线的配合使用

（1）当股价曲线与BIAS曲线从低位同步上升，表示短期内股价有望触底反弹或继续上涨趋势。此时，投资者可逢低买入或持股待涨。

（2）当BIAS曲线从下向上突破0轴线，同时股价也突破短期均线的压力时，表明股价短期将强势上涨，投资者应及时买入股票。

（3）当股价曲线与BIAS曲线从高位同步下降，表示短期内股价将形成头部或继续下跌趋势。此时，投资者应及时逢高卖出股票或持币观望。

（4）当BIAS曲线从上向下突破0轴线，同时股价也跌破中长期均线的支撑时，表明股价的中长期下跌行情已经开始，投资者应及时中长期离场观望。

（5）当BIAS曲线开始从高位向下回落，形成一峰比一峰低的走势，而股价曲线却还在缓慢上升，形成一峰比一峰高的走势，则可能意味着股价走势出现“顶背离”现象。

（6）当BIAS曲线开始从低位向上扬升，形成一底比一底高的走势，而股价曲线却还是缓慢下降，形成一底比一底低的走势，则可能意味着股价走势出现“底背离”现象。

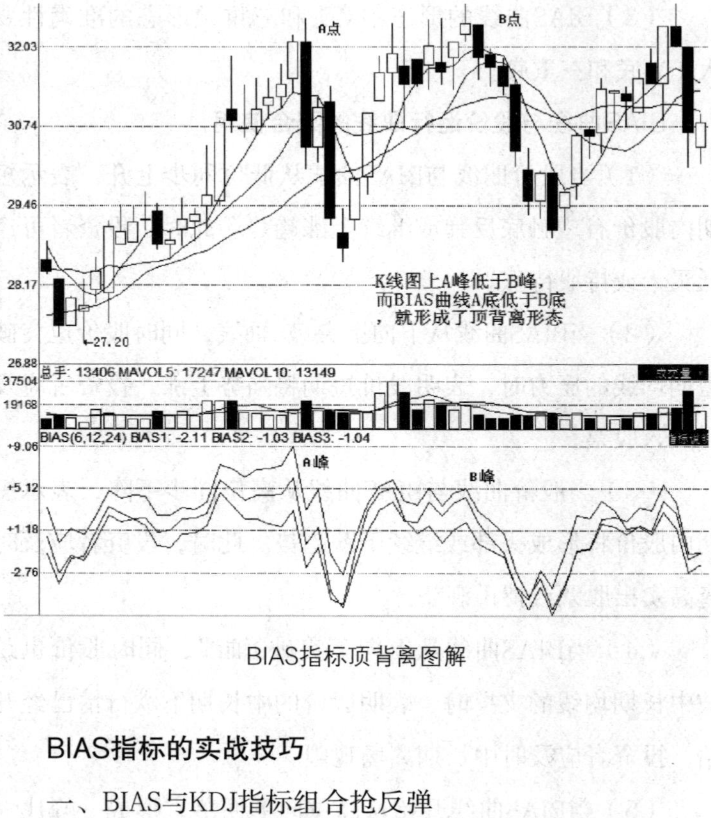

BIAS指标顶背离图解

BIAS指标的实战技巧

一、BIAS与KDJ指标组合抢反弹

（1）将BIAS指标的参数设置为24日，将KD指标的参数设置为9，3，3。

（2）BIAS指标要小于-6，这只是确认该股超跌的初选条件。

（3）KDJ指标产生黄金交叉，K线上穿D线。

（4）KDJ交叉同时，KDJ指标中的D值要小于16。

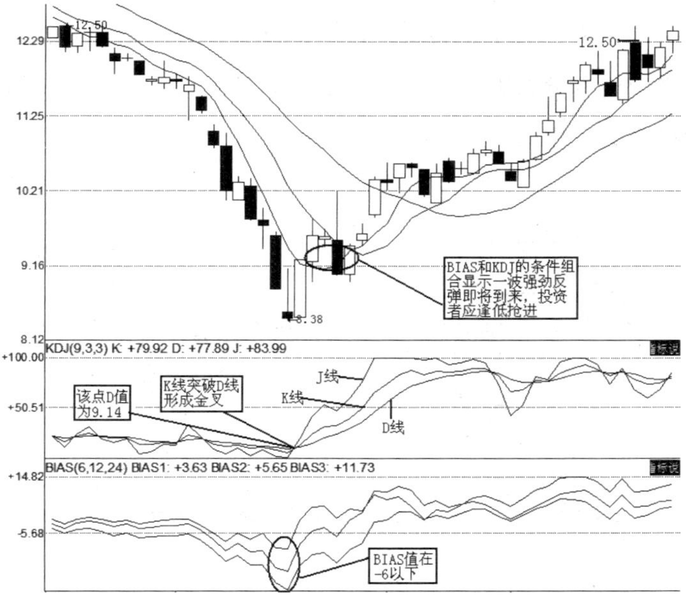

界龙实业反弹买入图解

例：界龙实业（600836）在2002年1月23日拉出一根大阳线，24日BIAS是-10.48，KDJ指标产生黄金交叉时，D值仍处于9.14的低位，当时界龙股价是9.22元，此后，股价迅速上涨到15元以上，涨幅60%多。不仅如此，打开界龙实业的走势图，发现自从1999年后，该股的六次阶段性底部均被由KD和BIAS组成的黄金组合指标捕获。

二、BIAS与BOLL组合把握买入时机

乖离率指标与布林线指标的结合运用适合在超跌反弹行情中的买入：对于这类反弹行情，投资者不宜采用追涨，而要结合技术分析方法，运用BIAS和布林线指标的组合分析，把握个股进出时机。具体方法是：

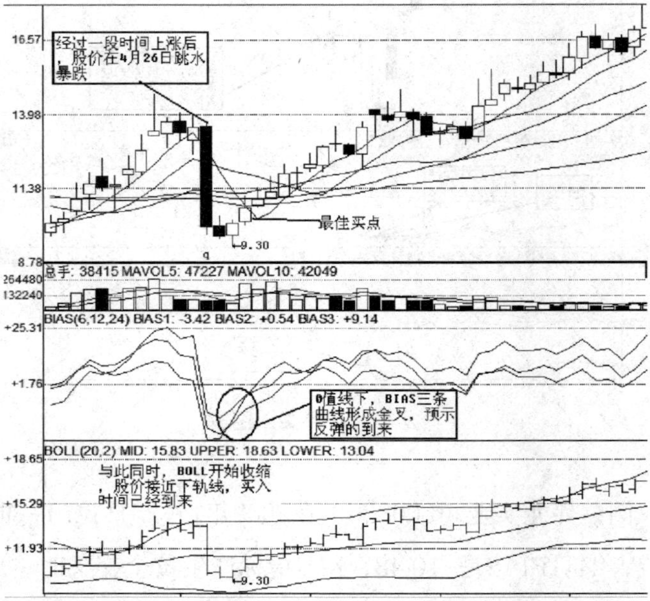

双鹤药业乖离率与布林线组合捕捉买点图解

（1）当BIAS的三条短期均线全部小于0时。

（2）股价已经触及BOLL的下轨线LB。

（3）布林线正处于不断收敛状态中。

（4）BIAS的短期均线上穿长期均线，并且成交量逐渐放大。

当符合上述条件时，投资者可以积极择股买入。

例：双鹤药业（600062）4月26日股价拉出一根长阴线跳水，但仅仅两天之后就发出了反弹买入信号。BOLL指标股价运行到了下轨附近，BIAS三条线在0值线以下形成交叉。在5月8日以10.00元买进，31日以11.07元卖出，每股赚1元。

三、BIAS捕捉持股持币信号

（1）当短期BIAS曲线在0值线附近向上突破长期BIAS曲线后，股价也依托中短期均线向上运行时，则表明股价的强势上升行情依旧，股价将继续向上扬升，这是BIAS指标所指示的中短线持股待涨信号。此时，投资者应一路持股。

（2）当短期BIAS曲线在0值线下方附近区域向下突破长期BIAS曲线后，股价也被中长期均线压制下行时，则意味股价的弱市下跌行情仍将继续，股价将持续下跌，这是BIAS指标所指示持币观望信号。此时，投资者应坚决持币观望。

例：南京高科（600064）2005年12月股价进行了一段较长时间的横盘整理，后市行情不明朗。然而在23日这天BIAS短期线在0值上方附近向上突破长期线，形成金叉，发出买入信号，随后BIAS一路上行。12月29日以当日均价4.15元买入，1月19日以5.10元卖出，每股赚1元。

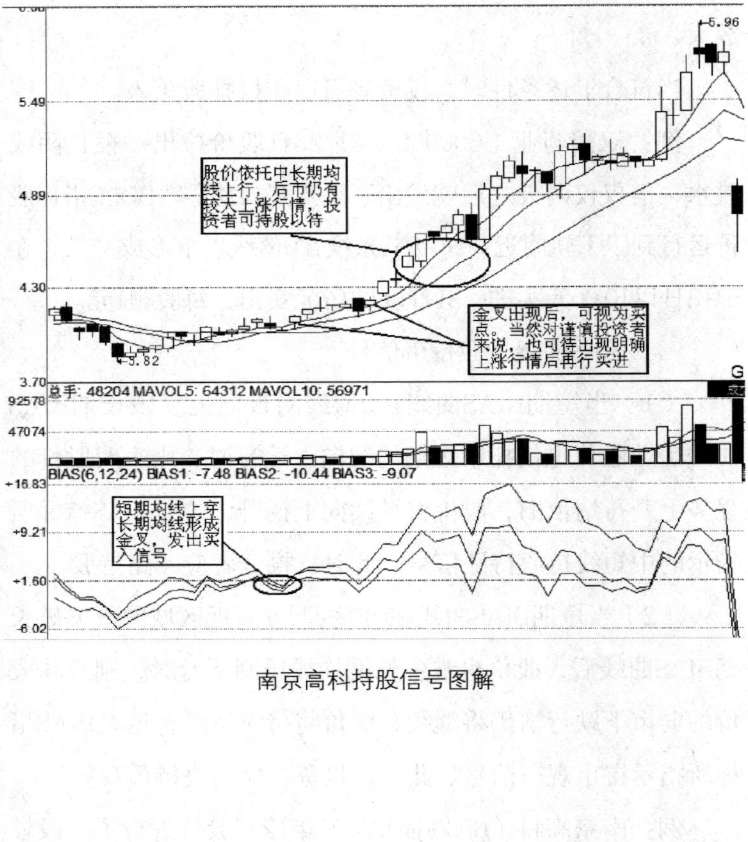

南京高科持股信号图解

第七章

新手炒股亏钱多？那是你不会选股

——新股民选股技巧与法则

第一节　新股民选股的八大依据

市场上有千万种股票，任何一个投资者即使有雄厚的资金，也不可能同时购买市场上的所有股票。如何选择风险小、收益大的股票进行投资，实在是一件难事。对于资金数量不多的小额投资者而言，在眼花缭乱的大量股票中选择好投资对象，就更为不易。正因为如此，便有“选股如选美”的感叹。但是，选股并非毫无策略可言，下述方法可谓选股之真谛。

1. 根据公司业绩选股

公司业绩是股票价格变动的根本力量。公司业绩优良，其股票价格必将稳步持续上升，反之则会下降。因此，长线投资者应主要考虑公司业绩进行选股。衡量公司业绩的最主要指标是每股盈利及其增长率。根据我国公司的现状，一般认为每股税后盈利0.8元以上且年增长率在25%以上者，具有长期投资价值。

2. 根据经济周期选股

不同行业的公司股票在经济周期的不同阶段，其市场表现大不一样。有的公司对经济周期变动的影响极为敏感。经济繁荣时，公司业务发展很快，盈利也极为丰厚；反之，经济衰退时，其业绩也明显下降。另一类公司受经济繁荣或衰退的影响则不大，繁荣时期，其盈利不会大幅上升，衰退时期亦无明显减少，甚至还可能更好。因此，在经济繁荣时期，投资者最好选择前一类股票；而在经济不景气或衰退时，最好选择后一类股票。

3. 根据每股净资产值选股

每股净资产值即股票的“含金量”，它是股票的内在价值，通常情况下，每股净资产值必须高于每股票面值，但通常低于股票市价，因为市价总是包含了投资者的预期。在市价一定的情况下，每股净资产值越高的股票越具有投资价值。如果市价低于每股净资产值，其投资价值极高。当然，净资产值低而市价也低的股票，也可适当选择。

4. 根据股票市盈率选股

市盈率是一个综合性指标，长线投资者可以从中看出股票投资的翻本期，短线投资者则可从中观察到股票价格的高低。一般来说，应选择市盈率较低的股票。但市盈率长期偏低的股票未必值得选择，因为它可能是不活跃、不被大多数投资者看好的股票。至于市盈率究竟在何种水平的股票值得选择，并无绝对标准。从我国目前经济发展和企业成长状况来看，市盈率在20左右不算高。

5. 根据股票的市场表现选股

一般来说，短线操作者最好选择那些短期内有较大上升空间或市价波动幅度大的股票，这些股票提供的短期获利机会较大。

6. 根据个人情况选股

根据个人情况选股时，要全面考虑自己的资金、风险、心理、时间、知识等方面的承受能力。比如，有的股票经常大起大落、变动无常，就不宜于被在上述方面承受能力不强的投资者选择。

7. 根据股价涨幅超前与否选股

通常同一行业中最好的两三只股票会有强劲的走势，而其他的股票则步履维艰。前者被称为“领导股”，后者便是所谓的“同情股”。“领导股”也是涨幅超前股，是投资者应选择的对象。如何发现这些“领导股”呢？一个简易的方法是股票相对价格强度测定法。所谓“相对价格强度”，是指某种股票在一定时期内涨价幅度与同期的股价指数或其他股票的涨价幅度的比值。通常认为，相对价格强度在80以上的股票极具选择价值。

8. 根据多头市场的四段行情选股

多头市场的行情走势通常可分为四段行情：第一段行情为股价急升行情。在这段行情内，大多数股票从空头市场过度压抑的水准下反弹时，几乎所有的股票都会上涨。在这期间可以试进高风险股票；第二段行情也是相当有利的，股价指数的升幅超出整个多头行情的25%。在这一段行情内，最好选择成长股的绩优股；第三段行情的涨幅明显较小，一般少于整个多头行情的25%。对这段行情的可能策略是：慢慢卖出次等成长股，转移部分资金用于具有在多头市场里维持价位能力的绩优成长股，以及购进那些能在未来经济困境中特别获益的顺应大势的股票；第四段行情是多头市场即将完结的行情，此时该涨的股票都已涨得差不多，只有绩优成长股以及可在经济困境中获利的少数股票，才可能继续上升。

第二节　在行情启动时选股

在大势刚刚走好之际，怎样才能跑赢大势是每位投资者都关心的问题。如果投资者希望取得超越大盘涨幅的盈利，首先要考虑的问题就是如何选股。

1. 选择有主流资金介入的个股

投资者在选股时要注意选择有主流资金介入的个股，这些资金必须是属于新流入的资金，对于一些长期被套的老资金入注个股要坚决回避，投资者需要通过成交量加以鉴别。

2. 选股时要紧随市场热点

上升行情中如果要取得优秀的成绩，必须要抓住“领头羊”及其连带的热门股票，只有选择这类股票才是取得超越大盘收益的基础。但是，在实际操作中要注意控制风险，不要盲目追高，要采用趋势操作方式。并且要随时保持警惕，谨慎持股，一旦发现操作失误或个股基本面发生重大变化，应及时退出，重新选择。

3. 有套牢股票的投资者更要注意细心选股

有套牢股票的投资者，更要注意细心选股。这类投资者要根据市场环境和热点的不断转换，及时更新投资组合。将一些股性不活跃、盘子较大，缺乏题材和想象空间的个股适时卖出，选择一些有新庄入驻、未来有可能演化成主流的板块和“领头羊”的个股逢低吸纳。只有把握时机，积极选股和换股，更好地组合自己的持股结构，才能取得跑赢大势的收益。

第三节　在飙升行情中选股

选股要重视三大效应：板块效应、资金效应和题材效应，要选择上涨趋势明显的强势股和龙头股。

在快速上涨行情的初期，绝大多数股票都会轮番上涨，但是随着行情的进一步深化，强势股就会逐渐脱颖而出，持有强势股的投资者的收益也会超越大盘的涨幅。

对于强势股的投资有两种方法：一种是在涨升行情初期根据板块、资金、题材三大效应进行选择；另一种是如果在行情初期选股不当，也可以在涨升中期针对逐渐明朗化的强势股进行换股操作。

在快速上涨行情发生时，投资者要从盘面分析中重点关注和追涨以下类型的个股：

（1）属于市场中领涨板块的龙头股。

（2）成交量明显放大，市场资金重点追捧的个股。

（3）涨幅靠前的个股，特别是涨幅在第一榜的个股。

（4）开盘后能够率先上涨，并且快速封上涨停的个股，甚至连续出现第二个涨停的强势股。

投资者不仅在买入股票的时候要重点选择这类个股，

即使在快速上涨行情发展到一定阶段时，也要注意这些强势个股的动向。因为强势股的反应异常灵敏，当这些强势股涨升乏力、出现滞涨时，投资者应提高警惕，此时往往预示着井喷行情即将结束，投资者要注意把握时机卖出股票，获利了结。

由于快速上涨行情中最主要的参与手段是追涨，因而对于追涨的投资策略，投资者应该重视。因此，当进入快速上涨行情后，投资者要大胆地采用追涨的操作方式。追涨操作时不能完全拘泥于业绩、成长性、市盈率等进行投资，而是要结合上涨的趋势来选股。追涨操作必须要制订周密的投资计划，选择更有盈利机会的个股，并且采用适宜的投资技巧。

第四节　在筑底行情中选股

股市经过一段时间的快速下跌后，会进入筑底行情阶段。筑底行情走势往往震荡反复，这时投资者必须要耐心等待，采用顺应市场趋势的投资理念：在战略上不盲目斩仓，也不急于抄底；在战术上可以用部分资金参与波段操作，在心态上要克服急躁心理，坚定持股信心。

1. 投资者要有耐心

在这种反复筑底阶段中，行情走势往往不够理想，市场中获利机会稀少，获利空间不大。因此，投资者必须要有耐心，细心选择顺应未来行情主流的板块和个股，趁筑底阶段股价不高时买入，并耐心持有。也可以用少量资金积极参与筑底阶段的波段行情，逢下跌时要敢于逢低吸纳，遇反弹上冲时要坚决逢高减磅。既不要畏惧市场的外在走势，也不要过度看多。

2. 辨别真正的突破性上涨行情

在大盘筑底过程中，会有多次脉冲式上涨行情，但真正的突破性上涨行情只有一次。识别上涨行情是否属于突破性质的最重要依据是股价波动幅度和成交量，当波动幅度和能量均不断收缩达到临界点时，所爆发的快速上涨行情属于突破性上涨行情，这时投资者可适当追涨强势股。

3. 稳定心态至关重要

大盘处于筑底阶段时往往走势疲软，投资者的心态比较脆弱，大盘刚一下跌就认为后市下跌空间巨大，慌慌张张地止损割肉。大盘稍有起色时又以为大行情来临，忙着追涨龙头股，往往几个来回下来，不仅资金严重缩水，而且心态更是一蹶不振。

4. 选股的主要对象

筑底行情中选股的最大优势在于投资风险远远小于投资收益，选股的主要对象是：

（1）严重超跌。

（2）个股做空动能明显不足。

（3）在筑底过程中有温和放量的态势。

这类个股介入风险相对较小，并且具有较多的中长线机会，特别是已经脱离原来下降通道，目前经过反复筑底的个股，更具有投资价值。

筑底的过程较复杂，在经历了长期深幅下跌之后，无论是大盘还是个股都很难在一次探底中完成底部的构筑。这就决定了投资者在筑底行情中不宜过早地买进。需要将选股环节与买入环节脱离开，选股之后要耐心等待买进的时机。

筑底行情中选择股票，在数量上要少而精。否则，在趋势尚未完全转好的震荡筑底行情中，如果持股种类过多过杂，一旦遭遇突发行情，将会严重影响投资者的应变效率，容易出现失误。

第五节　在弱市中选股

在弱市行情中，投资者要重点关注超跌股。近年来，超跌股常常在市场调整的间隙中异军突起，在投资者的不经意间发动涨幅惊人的行情。超跌股的股价因为严重超跌，离底部区域较近，安全性相对较好。而且离套牢密集区较远，上行阻力小，个股做空能量得以大规模释放，一旦大盘企稳，超跌股往往率先止跌反弹，反弹时力度较强。因此，投资者有必要重视超跌股的选股技巧和投资策略。

投资者在选择超跌股时要重点关注以下三类超跌股。

1. 股价遭到刻意打压的超跌股

当一只个股已经到了跌无可跌的境地时，却仍然遭到刻意打压，这时做空的动力来自何方？空方的动机何在？这实在值得投资者反思。有时主力资金的刻意打压行为往往能从反面揭示个股的投资价值，从而给投资者提供最佳的建仓时机。对于有主力刻意打压迹象的超跌股，投资者要勇于介入。

2. 低迷市道上市的次新类超跌股

在行情低迷市道上市的次新股，由于缺乏实力资金的关照，往往定位偏低，上市后会因大盘下跌的拖累，使得股价严重超跌。这类个股往往蕴藏着超级“黑马”，投资者需要重点关注、积极参与。

3. 关注绩优类超跌股

市场持续下跌中，有些绩优股受市场环境拖累，也一度遭到恐慌盘的抛售，使得股价严重背离投资价值或投机价值，这类超跌股是稳健型投资者最值得关注的优良品种。

投资者在选择超跌股时还要注意回避以下三类高风险的超跌股：

（1）问题类超跌股。例如，董事长神秘失踪的啤酒花，股价连续跌停中成交仅数十手，深陷其中的投资者根本没有出逃的机会，这类个股即使超跌，也不宜买入。

（2）业绩大幅滑坡造成的超跌股。特别是一些原本业绩优良的上市公司，由于种种原因，业绩突然大幅滑落、亏损数额过大的超跌股，投资者不宜投资。

（3）庄家入驻时间过长的老庄股。这类股常常会因为资金链断裂以及庄家获利极为丰厚等原因出现大幅跳水行情，股价往往是超跌之后还能继续下跌，对于这类超跌股，稳健的投资者应该回避。

此外，还有一类成为市场风险和机遇聚焦点的超跌股，就是绩差类超跌股，如各种戴帽戴星的ST类股，这类个股因为业绩较差，面临着停市摘牌等不确定因素，存在一定风险。但这类个股往往和市场主流热点之间形成跷跷板走势，因而具有丰富的短线获利机会。这类超跌股短线虽然能快速上涨，但行情持续性不强，不具备市场号召力，难以形成主流强势板块，投资者在参与时一定要注意以短线操作为主，快进快出，注意控制风险。

第六节　在调整结束时选股

股市中的每一轮调整都孕育着新一轮行情，只有在调整结束时积极选股，在趋势转好时及时买入，才能避免在随后的上涨行情中追涨杀跌、疲于奔命。

1. 在调整结束之前做好选股准备

股市的大起大落，犹如大浪淘沙，拂去泡沫，滤去沉沙，才见真金。有些“领头羊”个股和强势板块往往在大盘调整时更容易识别。

投资者需要早做准备，及时研判在下一轮行情中到底哪些个股可以成为龙头股和领军板块，以便在行情再次启动之际，能够迅速介入，准备迎接新一轮行情的到来。

2. 在调整结束时确定选股方向

当大盘结束强势调整，市场整体趋势转暖时，投资者需要依据当前的市场环境，关注近来走势强于大盘，未来有可能成为领涨类个股的市场热点，择机介入。重点选择涨势强盛个股、次新股，特别是在大盘调整阶段上市的、定位较低的次新股。

选股时投资者还要根据调整市的特点选择一些绩优蓝

筹股，因为有许多投资价值和投机价值俱佳的个股在牛市中往往是高处不胜寒，而在调整市中却常常有非常低廉的价格呈现，出现很好的介入时机，投资者不应忽视这种机会的存在。

第七节　反弹行情中选股

反弹行情中选股十分重要，在反弹行情中投资者要重点关注以下几种股票。

1. 超跌类个股

投资者可以关注一些严重超跌股。这类个股股价跌幅较深，但是基本面情况较好，股价的实际下跌动力并不强，只是因为受到大势疲弱的影响，个股如同是被压紧的弹簧一样潜伏在低价区。这类个股所积蓄的反弹动能十分强烈，往往能爆发出强劲的上涨行情。

但是，值得注意的是超跌股按照其下跌形态的不同，可以分为两种：一种是股价短期快速、连续性暴跌形成的超跌股，另一种是经过长期缓慢盘跌逐渐形成的超跌股。通常暴跌形成的超跌股所产生的反弹行情远远强于盘跌形成的超跌股所产生的反弹行情，因此，在选股时要重点选择前一种超跌股。

2. 无量下跌股

一些业绩优良、价值严重被低估的个股在几乎不存在抛盘压力的情况下仍然无量持续性下跌，其原因主要是有庄家刻意打压或受大盘极度低迷拖累，一旦大势企稳反弹，前期曾经无量下跌的个股往往表现得弹性十足，使选中该类个股的投资者获利相对轻松。

3. 定位偏低的次新股

由于行情的影响，部分上市时间不长的次新股，没有受到主力资金的关照，股价没有得到充分炒作，造成上市次新股整体定位偏低，给后市行情的发展留出了空间。此外，次新股没有多少上档套牢盘，也减轻了其上升阻力。因此，一旦大盘出现反弹行情，次新股就成为主流资金积极参与的品种。

4. 领先反弹的个股

投资者宜选择那些先于大盘企稳、先于大盘反弹的个股介入。这样，当整体趋势走强时，该类个股往往已有波段盈利垫底，无论将来行情是大还是小，也无论是反弹还是反转，投资者都可以应对自如。但在参与这类个股炒作时，关键是及早操作，往往在大盘处于下跌趋势中就要选股，在大盘企稳时就要介入，而当大盘走高后，投资者可以根据对大势研判的结果选择卖出的时机。

5. 活跃的小盘股

投资者必须明确参与反弹行情是一种短线炒作行为，而不是一种长线行为。选股时要重点关注个股的短线投机价值，而非投资价值。因此，尽量不要选择具有投资价值但股性迟钝的蓝筹类个股或低价的大盘指标股，要注意选择流通盘较小、股性活跃的投机类个股。

第八节　在横盘行情中选股

平衡市是指大盘指数运行趋势没有上涨或下跌的趋势，而是呈现出水平方向运动；有时大盘在两条平行的区间内反复震荡，如所形成的箱体运动等。这时投资者要紧扣热点，转变选股思路，并做好以下几个方面的准备。

1. 选实质性题材股

一些实质性题材股往往会得到新资金的青睐，并伴随着成交量的持续放大反复走强。这从侧面反映出市场主力资金的择股标准已经发生了重大的变化，长期以来形成的价值投资理念正在被市场重新赋予新的认识，上市公司的成长性正成为主力资金选择建仓品种时的重要参考依据。

2. 选股不要偏离业绩主线

业绩增长预期成为影响平衡市场走势的重要因素。近年来，观察平衡市中走强的品种，很大部分都是具有良好中报或年报业绩预期的品种。

虽然在平衡市中热点此起彼伏，板块轮动似乎杂乱无章，但其中始终围绕着一条主线，那就是“业绩”主线。所以，投资者在选股中要紧紧地把握这条行情主线，对于业绩较好的个股，不妨乘其股价不高时主动买进，这种方法更加有效、安全，获利也更丰厚。

3. 不要盲目追涨价值高估的蓝筹股

蓝筹股是近年来市场的投资焦点，但蓝筹股的范畴较大，包含的个股较多。投资者必须对该板块加以细分。在近年来的蓝筹股行情中，部分蓝筹股的股价上升过快，有的个股在短期内股价实现翻番，有的市盈率已经过高。

4. 不要贪图边缘化个股的便宜

与蓝筹股的火爆行情形成鲜明对比的是，部分庄股和即将退市的ST类个股却一跌再跌，有些个股早已严重超跌，股价屡屡创出新低，但每一次短暂企稳后，又会面临新的一轮抛盘。这表明投资者的理念已经趋于成熟，股市也正在向成熟化发展。市场的价格体系正在发生根本性变化，结构性调整将进一步深化，股价的两极分化现象将日益突出。因此，千万不能贪图一时的便宜，对于正在边缘化的个股（包括庄股、即将退市的ST类个股、绩差股等）要以回避为上。

5. 平衡市中根据不同的操作方式选股

（1）波段操作。平衡市中套利的最主要形式就是高抛低吸的波段操作，至于高低的标准要参考三种技术指标，分别是布林线指标、中轴线指标和箱体运动的箱顶和箱底位置。

当股指跌穿中轴线指标，到达箱底位置并且获得布林线的下轨线支撑时，投资者可以分批逐步建仓；当股指穿越中轴线指标，到达箱顶位置遭遇到布林线的上轨线时，投资者应该果断地一次性卖出。

对于波段操作的选股，主要选择在筑底阶段有放量现象，箱体运动规律较明显的个股。

（2）长线持有。虽然大盘表现出明显的箱体运动规律，但是小部分强势股却依然维持其强劲走势：大盘涨，这类个股领涨；大盘跌，这类个股也能保持强势。手中持有这类强势股的投资者应该抛开大盘箱体运动的影响，以轻指数、重个股的态度长线持有。

对于长线持有的选股，投资者千万不能选择有庄家长期入驻的抗跌股，而是要重点选择有投资价值、符合市场潮流的绩优蓝筹类个股。

（3）继续等待。平衡市中的箱体运动不是股市唯一的选择，突破将是最终的结果。

无论大盘向哪个方向突破，都将产生一定的爆发力和新的市场热点。稳健的投资者可以采用等待的方法，耐心地等待市场做出选择，然后再根据当时的市场情况进行选股操作。

第八章

炒股就是要赚钱，别把短线炒成长线

——新股民必知的风险规避技巧

第一节　资金管理手段要不断完善

管理资金最主要有两个目的：一是控制账户风险，二是增大资金使用效率。风险控制是第一位的，完善自己的资金管理模式，最重要的就是要把自己的风险控制体系建立起来并能够有效执行。同时，投资是为了赚钱，如果给好的盈利模式，配以充分的资金使用效率，那么收益率将达到更高的水平。

完善自己的资金管理模式，要懂得控制仓位的大小。很多人都喜欢满仓操作，不分行情、不分个股或品种，甚至不管是股票还是期货，这种不加分别的满仓操作是极其危险的，也是对自己的资金不负责任的。我们应该根据自身的操盘水平来控制仓位，水平高的仓位可以高一点，水平低的仓位低一点又何妨？同时还应根据不同的行情来控制仓位，振荡行情时仓位低一点甚至空仓，趋势明确时仓位可以高一点。

完善自己的资金管理模式，要懂得品种组合的重要性。如果只做一个品种，一方面风险无法对冲，遇到极端行情时，可能会由于出场不畅而遭受较大损失；另一方面资金使用效率太低。因此不同类型品种的投资组合一来可以有效化解极端行情的风险，二来可以提高资金使用效率。

完善自己的资金管理模式，最核心的目的还是风险控制。我们应该用80%以上的时间设计对风险的控制，而只用20%的时间去思考如何盈利，尽量不亏损、少亏损才是我们能够赚钱的重中之重。

第二节　提高把握时机的能力

市场走势是所有交易参与者心理预期汇集而成的价格表现。每天多空博弈的激烈程度，反映的恰恰是多空双方每天的“思想斗争”。市场的涨跌，涨跌的强弱，均是多空双方心理预期博弈的结果。

对一个普通投资者来说，做多做空的时机选择非常重要，但是如果价格低就做多或者价格高就做空，或者亏了钱就加仓，那就相当于是站在了市场博弈输掉的一方。总想着逆势而为的交易者，很容易对市场失去耐心，有句格言是这么说的，“市场会尽一切可能把大部分交易者气疯，只要有人逆势而为，市场的趋势就会一直持续”。

那么，我们应该如何跟随趋势？如何完善自己的时机选择？涨了5%就跟进还是涨了10%或20%再跟进？

判断趋势是否成立，是否可以跟进，实际上和趋势本身无关，而是和你的操作模式有关。也就是说，如果你是长线交易者，很多小趋势对你来说根本就不是趋势；而如果你是短线交易者，很可能一日内的涨跌趋势都会影响你的方向和头寸。所以说，首先要明白自己是何种类型的投资者，然后再去跟进适合自己操作模式的趋势。

第三节　完善个股选择程序

如果你在投资股票，你不可能关注所有的个股，那么你应该关注哪些个股呢？

每个投资者都应该建立一个自己的“个股关注库”，至于“个股关注库”里面是10只股票、20只股票还是更多，就要看自己有多少时间用来研究这些股票，并有多少资金用来配置。“个股关注库”里首先应该有你熟悉的个股或者曾经操作过的个股，然后是分析师或其他投资者推荐的个股，另外就是近期表现最活跃的个股。我们要做到不错过自己关注个股的买入机会和卖出点位，同时不要太在意其他个股的机会是否把握得到。

当我们不断添加新的可能存在机会的个股到自己的“个股关注库”时，最好也不断地剔除老的可能机会较少的个股。

如果你有时间，活跃的品种都可关注；如果没时间，只关注3~5个自己熟悉的品种即可。

该持仓还是空仓，该持多单还是空单，一来根据趋势，二来根据自己交易系统的指标。

最多配置几个品种，要看自己设计的每个品种的持仓比例是多少。如果每个品种比例是10%，持仓品种最好不要超过5个；如果每个品种持仓比例是5%，则可以多持有几个品种。

第四节　进出市场要有纪律

我们在做交易时，进场出场是完全凭自己的多空感觉，凭自己以往的经验，还是根据自己选择的指标或是设定的参数来决定（比如均线指标和百分比参数）。如果你有指标或参数交易那就严格执行，并不断修正完善；如果你还没有指标或参数，那就尽快建立适合自己的进出场指标或参数。

完善自己的进出场秩序，就是要让自己做一个有计划的交易者。我们想在市场中胜出而没有严格的交易计划，就像是盖房子没有设计图纸一样，既然没有预先定好的对策，那么在盘中只能靠自己的感觉交易，而自己的感觉往往是最不可靠的。执行详细的交易规则，制定对应的交易计划，设定各种行情、各种涨跌幅的交易对策，并且严格执行，就能克服人性的众多弱点，使我们的交易朝着理想的方向发展。

当然，交易计划绝不是一成不变的，它应是根据市场的变化而变化的，是跟随规则的完善而不断完善的。

第五节　完善自己的交易规则

古语有云："工欲善其事，必先利其器。"林肯也曾说过："我如果要花8小时砍倒一棵树，那么我就会花6小时把自己的斧子磨得锋利。"

在投资交易中，交易规则的设定和完善远比交易本身重要，也比一时的盈亏重要。为了具体交易的成功，为了稳定盈利的实现，制定和完善交易规则的时间应该超过下单和研究行情的时间。

完善自己的交易规则，一是要在市场中检验尚不完善的规则，并且逐步补充设计或是修正应对各种行情的规则细节；二是要在万变的市场中既能保持基础规则的不变，又能不断调整规则的具体执行手段，最终使自己的交易规则适应市场。

第六节　止损就是保存自己实力

严格止损，绝对不是对抗自己而是保护自己。在投资这场你死我活的战争中，资金是你的士兵，是你的血液、你的生命，只有最大限度地保全资金安全，才可能消灭敌人、取得胜利。

严格止损，就是要给自己制定严格的操盘纪律，根据纪律来确定该止损的点位，到了点位就必须马上止损，不到点位也不能提前止损。以此让你的资金处在一个可控的安全体系中。

严格止损，就是要在自己制定的纪律、规则下做一个铁面无私的执行者。如果规则是从资金高点亏损8%止损就不能等到8.1%；如果连续两次止损后，第三次操作依然错误，到了止损位还是要即刻止损。

有时候，我们操作股票或期货时，根据纪律止损之后，盘面很快就反转，重新建仓之后很快又开始亏损，再止损却发现盘面又反转了，这样几次三番之后，很多人就开始怀疑严格止损是否有必要，是否根据自己的判断某些时候不止损也可以呢？

当然不是，如果以上的情况出现多次，你可以暂时不操作一段时间，但决不能不去严格止损。如果到了止损点没有止损，市场突然反转，意外地赚了钱，我们千万不要得意，因为那不是自己的本事；即使止损后又重新涨上去了我们也不用遗憾，因为还可以再次抓住机会。

一次两次不遵守纪律却没有造成损失不足以证明以后都可以不遵守纪律、不严格止损。如果三番五次都不严格止损，但却没有造成额外的损失甚至还略有收获的话，就很可能不再把止损纪律放在心上，不止损就会成为习惯，最终往往成为亏大钱的元凶。

首先我们要弄明白什么是亏损？你的本金或是你已经赚到的钱变少了是亏损，同时，你该赚的钱没赚到也是亏损。

简单来说，就是应该在你账户里的钱，现在没在账户里就是亏损。

对你的账户来说，对你的资金来说，建仓可能带来盈利、可能带来亏损，平仓也可能带来盈利、可能带来亏损，每次盈利是建仓和平仓共同完成的，每次亏损也是。因此建仓和平仓是一样的、进场和出场也是一样的。建仓和平仓缺一不可，他们对资金的增长或减少的作用是相同的。

很多人因为知道割肉很疼，所以迟迟不去平仓止损；然而，更多人因为只知道多长一点肉会很开心，而不知道该长的肉没长出来和割肉没有分别，所以只有建仓盈利的冲动，没有建仓止损的意识。

就以投资股票为例，你的财富有两种存在形式，即要么是货币，要么是筹码；你的整个账户或是单个股票的筹码也只有两种状态，即持仓和空仓。如果筹码在贬值，你持有的是筹码，你的持仓就错误了；如果筹码在升值，你持有的是货币，你的空仓就错误了。持仓错误了，需要用平仓来止损；空仓错误了，需要用建仓来止损。

比如一位投资者做股票，目前的账户是100万元，因为错过一个买入机会点，没进场，少赚了10万元；如果进场了，账户应该是110万元。这种不建仓少赚10万元的情况，和账户原来是110万元，错过一个卖出机会点，没出场，多亏了10万元，账户变成了100万元（不平仓多亏10万元的情况），对账户的损害程度是一样的，都应该马上止损。账户原本应该是110万元的，现在由于没进场只有100万元，只要行情方向没有改变，就应该及时止损，马上进场。